Auzat, Péchiney : le rêve éveillé

Mireille Becchio

Auzat, Péchiney : le rêve éveillé

LE LYS BLEU
ÉDITIONS

© Lys Bleu Éditions – Mireille Becchio

ISBN : 979-10-422-1595-8

Le code de la propriété intellectuelle n'autorisant aux termes des paragraphes 2 et 3 de l'article L.122-5, d'une part, que les copies ou reproductions strictement réservées à l'usage privé du copiste et non destinées à une utilisation collective et, d'autre part, sous réserve du nom de l'auteur et de la source, que les analyses et les courtes citations justifiées par le caractère critique, polémique, pédagogique, scientifique ou d'information, toute représentation ou reproduction intégrale ou partielle, faite sans le consentement de l'auteur ou de ses ayants droit ou ayants cause, est illicite (article L.122-4). Cette représentation ou reproduction, par quelque procédé que ce soit, constituerait donc une contrefaçon sanctionnée par les articles L.335-2 et suivants du Code de la propriété intellectuelle.

Préface

Une conférence sur les maladies générées par la fabrication d'aluminium dans les usines Pechiney de Haute Ariège m'a permis, voici quelques années, de rencontrer Mireille Becchio, à Auzat, sa terre de cœur. Ouvrier au long cours (33 ans de carrière), dans 2 de ces usines, j'y ai contracté 2 maladies professionnelles graves, finalement reconnues. J'ai donc trouvé naturel d'apporter mon témoignage à une ancienne médecin du travail qui réalisait une étude sur ces maladies. Très vite, j'ai senti que, pour cette doctoresse hors normes, je n'étais pas un simple cas d'école. Non seulement à l'écoute, elle était soucieuse de connaître, dans le détail, les conditions de travail du personnel ouvrier, le rôle des médecins du travail dans l'entreprise, mais aussi les circonstances de la reconnaissance de mes 2 maladies professionnelles et de mon départ anticipé en retraite amiante.

Nous avons échangé librement, Mireille posant toujours avec tact et bienveillance, les bonnes questions.

Je me suis efforcé de retracer avec exactitude, ces dures années de labeur, heureusement vécues dans une ambiance de franche camaraderie, avec des copains inoubliables, pour beaucoup trop tôt disparus. De ces entrevues informelles, mais toujours conviviales, autour d'un bon repas ou d'un petit café, est née une amitié véritable. Son manuscrit terminé, Mireille m'a demandé de le lire, de lui faire part de mes remarques et de lui dire mon ressenti. Au-delà de « l'histoire » Pechiney que j'avais vécue de l'intérieur, ma surprise a été grande de découvrir le parcours de vie mouvementé et atypique de mon interlocutrice restée toujours discrète à ce sujet. À mille lieues de ma condition de simple montagnard ariégeois, j'ai découvert un tourbillon de vie insoupçonné, assez difficile à suivre, je dois le dire, mais toujours dirigé par une constante : la solidarité active. Une vie tout entière vouée à la défense des sans grade, des travailleurs exploités, mais aussi des femmes en détresse, des malades d'addictions, des migrants abandonnés, de l'environnement mis à mal et j'en oublie... Cet esprit de solidarité sans faille m'a rappelé avec force la fraternité partagée au quotidien avec mes copains de boulot. Devant la somme de courage et d'abnégation que tu as déployée, Mireille, pour essayer de rendre plus juste notre société, je suis honoré que tu m'aies demandé de préfacer ton ouvrage. Je m'acquitte volontiers de cette responsabilité. Elle m'engage à représenter ici, bien modestement, tous les laissés pour compte que tu as inlassablement défendus sans jamais renoncer.

Merci, Mireille, pour ton humanisme militant.

Antoine Daluz

Préambule

Itinérance d'une petite fille de paysans franco-italiens.
Depuis les montagnes Ariégeoises, une prise de conscience des inégalités, progressive depuis l'enfance, grâce aux anciens et à des rencontres magnifiques.

Petite fille de paysans du Haut Vicdessos Ariégeois côté maternel, du Piémont italien côté paternel, fille d'un réfugié italo-argentin, et d'une native de Paris, je partais sur l'envie de décrire pour mes enfants, mes trois petits enfants, l'enfance, l'adolescence en haute Ariège, la trajectoire qui m'a lancée sur le chemin du militantisme poursuivi au-delà de 75 ans, et le plaisir inégalé de continuer le métier de soignante.

Ce cheminement relate les difficultés rencontrées en cours de route, dans l'exercice de la médecine du travail, de la médecine générale, la victoire de la loi sur l'interruption de grossesse en 1974, l'arrivée du SIDA, la toxicomanie, la défense des exilés, des sans toit, et les belles rencontres qui m'ont fait aimer et perfectionner mon métier.

En parallèle, j'ai participé en 2013 à une conférence sur la santé des mineurs de fer de Rancié, puis en 2015 à une exposition sur la santé des ouvriers de la métallurgie en Haute Ariège[1].

Pour préparer ces deux thèmes, j'ai rassemblé mes souvenirs et recherché auprès des anciens, ex-ouvriers, cadres, soignants, proches, des compléments avec leurs forts témoignages.

---

[1] Conférence et exposition de Photos à la Maison des Patrimoines d'Auzat -09 220, en 2013.

Ils me décriront Péchiney, entreprise paternaliste, avec ses à-côtés sympathiques envers les familles, compensant ainsi les pénibles conditions de travail des ouvriers venus de tous les coins d'Europe et du bassin méditerranéen, œuvrer à la grandeur et richesse de Péchiney, puis assister au spectacle de son déclin, de sa disparition, au détriment de leur santé et des dégâts sur l'environnement.

Je me devais de les inclure dans cet écrit, devenu en miroir, une tranche de vie de la montagne du haut Vicdessos, sur un siècle : un témoignage sur la mutation, la richesse relative obtenue par une poignée de montagnards, la fortune de Péchiney, sa décadence, et le lent réveil estival d'un village pastoral, Auzat. Seuls les prénoms des témoins vivants de Péchiney ont été modifiés, avec leur accord.

Été 2014

Près du camping coule le Vicdessos bleu vert limpide, sur les cailloux aux reflets argentés et dorés.

« C'est très beau comme paysage, et pourtant, regardes ici la bordure du Vicdessos, côté village d'Auzat est bien plus haute que la bordure côté camping. Le parking là-haut est fait de déchets de l'usine Péchiney évacués pendant la déconstruction – reconstruction des années 1970 », assène Auguste un ancien ouvrier de Péchiney qui termine l'entretien musclé sur son vécu de l'usine Péchiney – Auzat.

Perdu dans les Pyrénées ariégeoises, niché dans le haut Vicdessos, Auzat, c'est le dernier grand village après Tarascon en allant vers la frontière franco-espagnole. Celle-ci se mérite à pied, au-delà du barrage de Soulcem.

Une vallée sauvage, enserrée dans des montagnes magnifiques, parées de toutes les nuances de vert, roux, violine, rosé poudré, blanc, au rythme des saisons.

Pendant vingt siècles, elle s'est consacrée à l'élevage, l'agriculture, au transport et à la transformation du minerai de fer de la montagne de Rancié[2].

---

[2] Mine de fer du mont Rancié au-dessus de Sem 09220, qui a fonctionné depuis 2500 ans avant notre ère, jusqu'en 1930, avec des mineurs des villages voisins de Sem, Goulier et Olbier.

L'Ariège, pays des hommes et du fer[3], a vu son paysage transformé avec l'invention d'un Ariégeois natif de Lorp en 1863, fils de papetiers :

Aristide Bergès, inventeur du principe de « houille blanche », qui décide de fabriquer de l'énergie électrique à partir des chutes d'eau de montagne. Cette électricité vendue à bas prix a facilité l'installation de centrales électriques dans les Alpes et dans les Pyrénées, puis des usines Péchiney, depuis les années 1900, sur les rives du Vicdessos et de l'Ariège à Auzat, Tarascon, puis Mercus.

---

[3] Réponse donnée par un « grognard » ariégeois à la question de Napoléon Bonaparte qui le félicitait après une victoire en demandant « que trouve-t-on en Ariège ? » : « des hommes et du fer ! », oubliant les femmes…

Hiver 1947

Pour me mettre au monde, au fond de la place de l'Ourtet, à Auzat, dans une chambre aux murs chaulés de bleu pastel, ma mère Andrée avait fait le trajet en train, depuis Rioz, près de Vesoul, en Haute-Saône.

Elle y vivait avec mon père depuis leur mariage novembre 1946. Antoine Becchio, jeune gendarme, avait été nommé et expédié loin des attaches familiales ariégeoises scellées par son mariage avec une fille Ruffié-Denjean.

Andrée, menue et fragile, était presque à terme « les jambes doublées de volume ». Elle arrivait enfin chez ses parents, pour donner la vie dans la maïsou[4], suivant l'exemple, depuis la nuit des temps, de toutes les femmes des montagnes.

Marie, ma grand-mère, était née ainsi, à l'Artigue, chez la Sanaîre[5], sa grand-mère maternelle, au pied au Montcalm, à quelques kilomètres à pied de la maison familiale d'Hourré, deux pièces, donnant sur un balcon en bois, au-dessus de la grange qui hébergeait l'hiver moutons, poules, et lapins apportant un peu de chaleur à l'ensemble.

Les conditions locales n'avaient pas varié depuis les années 1880, à Auzat comme à l'Artigue, il n'y avait ni eau courante ni toilettes. On

---

[4] Maison.
[5] Celle qui soignait avec les plantes et les connaissances héritées des « bonnes femmes » et procédait aux accouchements. Descendante des « Sorcières » brûlées vives pour leur singularité de femmes autonomes, rebelles, ou sachantes, bien avant le Moyen Âge. Pour mieux comprendre : *Caliban et la sorcière* de Sylvia Fédérici – Ed Entremonde Senonevero 2014. *Les sorcières* de Mona Chollet, Ed La découverte, 2018.

sortait puiser l'eau à la fontaine, dans la rue. Un seau « d'aisance » était vidé tous les soirs à la nuit tombante dans la rivière, ou les jardins, par les femmes, bien sûr.

Elles venaient accoucher chez leur mère, pour être prises en charge pendant les quarante jours qui suivaient la naissance, quarante jours pendant lesquels elles restaient allongées, selon la mode en vigueur, si les saisons et les travaux des champs permettaient une aussi longue pause.

Petite fille, je ne différenciais pas les montagnes de mes vacances, Auzat et celles, d'une vallée que je trouvais très éloignée, dans le Couserans ariégeois, Castillon en Couserans que nous avons intégré, après la mutation de mon père, fin 1948.

Auzat me ravissait avec ses rues étroites, qui serpentent entre les maisons recouvertes d'ardoises, serrées les unes contre les autres, avec leurs jardins installés entre le village et l'usine et sur les pentes de la montagne qui mène au village de Saleix, sa rivière transparente, jonchée de cailloux dorés et argentés qui traverse le village, les forêts, les hautes montagnes sauvages qui enserrent la vallée du Vicdessos depuis Tarascon, les balades en montagne, avec baignades au pla[6] de l'Izard et au pla de Soulcem, superbes, et surtout la liberté de courir librement dans le village, sous la seule et pseudo-surveillance des grands-parents qui étaient bien plus permissifs que les parents.

C'est beaucoup plus tard que je réaliserai que Castillon avait un plus sur Auzat, ses maisons aux balcons bien fleuris, ses champs et bois bien colorés selon les saisons, vert brillant, émeraude, dorés, les nombreux animaux dans les prés, alors qu'Auzat évoluerait vers une montagne exempte d'animaux, de chants d'oiseaux, cernée de pans de forêts et de champs bruns l'année durant, brûlés par les fumées de Péchiney.

Des souvenirs reviennent de Castillon : jusqu'en 1953, nous habitions dans le village, un appartement au premier étage d'une maison mitoyenne lovée entre celle du docteur Sentenac et celle de monsieur Gaston et de sa nièce Marinette, amis de mes parents. La

---

[6] Zone « plate » enserrée dans les montagnes.

toilette se faisait dans un grand baquet d'eau chauffée sur la cuisinière à bois, hiver comme été. L'été, le baquet installé sur le balcon nous offrait l'illusion d'une piscine.

Le tonneau diabolique

Papa et maman buvaient à table, midi et soir du vin, les enfants, de l'eau teintée de vin, sorti d'une bouteille qu'il fallait approvisionner au tonneau de bois, gardé au frais dans la cave, deux étages plus bas.

Je descendais avec mon frère Jean, pour remplir la bouteille lorsqu'elle était vide. Pour descendre, pas de problème, l'escalier était large et bien éclairé.

Mais arrivés à la cave, mal éclairée par une faible loupiote, on se rassurait en vérifiant qu'il n'y avait pas de bestioles, souris, notamment, en regardant de tous les côtés et en parlant ou chantant très fort, histoire de leur faire peur.

Puis fallait remplir la bouteille sans renverser le précieux nectar. Là, nous nous concentrions, en silence, je tenais la bouteille et Jean tournait le robinet en bois, chacun son tour, doucement, doucement, et nous guettions le « glou, glou glou » qui s'accélérait quand on arrivait à la bouteille remplie, aussitôt, un seul cri : stop ! stop ! stop ! La mission prenait fin. On avait fermé le robinet et rempli la bouteille.

Nous remontions, doucement, doucement, car la bouteille n'avait pas de bouchon et étions félicités par les parents.

Et parfois, le duo ne fonctionnait pas comme prévu, on avait envie de se raconter des histoires, de rigoler et là ! Le glou, glou, glou ! n'étant pas entendu, le vin coulait sur la bouteille, et les mains des deux artistes un qui tenait la bouteille, et l'autre qui fermait difficilement et avec retard le robinet.

On essuyait le mieux possible nos mains et la bouteille sur nos tricots et nous remontions « l'air de rien », mais imprégnés d'une odeur de vinasse que les parents repéraient tout de suite, et le père se mettait à ronchonner.

Notre mère, avec un demi-sourire, nous aidait à changer d'habits avant de passer à table.

Âgés de 4 et 5 ans, un médecin spécialiste « nez gorge, oreilles », venu de Saint-Girons nous a enlevé à vif et à domicile, les amygdales à huit jours d'intervalle. Peut-être avons-nous bénéficié d'une goulée ou deux d'anesthésiant style éther ?

Pour éviter à l'enfant qui ne subissait pas ce coup du sort d'entendre les cris du pauvre traumatisé, à tour de rôle, nous étions invités chez le docteur voisin pour quelques heures, repas compris. Et pour la première fois, j'ai bu du vin coupé d'eau de Vichy ! Je garde de cet épisode, ce seul souvenir de boisson au goût désagréable, et n'ai plus jamais bu de « Vichy », mais continué à apprécier tant le vin rouge que l'eau du robinet ou de la fontaine d'Auzat que parents et grands-parents tintaient de vin rouge.

Nous allions tous les soirs chercher le lait dans une ferme, près du calvaire qui dominait le village, avec notre bidon en tôle émaillée.

En 1953, la famille a déménagé pour la « nouvelle » gendarmerie, plus confortable, voisine de l'école primaire, de sa cour de récréation ouverte sur la rue, dont nous disposions comme terrain de jeu tous les jours, avec ou sans école, aux beaux jours, bien à l'abri du soleil sous les frondaisons des platanes majestueux.

Nous passions du temps dehors, sans autre contrainte que de rentrer au bercail à midi pile et 19 h tapantes pour les repas.

Avec les copains plus âgés et très inventifs, nous dégustions des kakis chez une voisine âgée de la gendarmerie, propriétaire rébarbative d'une grande bâtisse, d'un grand jardin et surtout d'un magnifique plaqueminier chargé toutes les fins d'automne, de kakis d'autant plus délicieux, qu'ils étaient volés et consommés en cachette de la propriétaire et de nos parents. Je conserverai pour la vie le plaisir de savourer ces fruits qui arrivent en fin d'automne et marquent la fin annuelle des plaisirs gustatifs à décrocher de ces arbres fruitiers, magnifiques parés de feuilles rouge brique assorties aux fruits, une fois ceux-ci cueillis. Ce sera le premier arbre que je planterai dans mon jardin de retraitée à Pamiers, 55 ans plus tard.

Des institutrices rigoureuses, bienveillantes, qui nous ouvraient sur le monde, je conserve d'excellents souvenirs, y compris de consommations délicieuses. Madame Surre, qui dirigeait une classe à double, voire triple niveau, partait en expédition à Toulouse, y glanait des surprises qu'elle faisait partager à toute la classe, histoire et géographie comprises du pays d'origine du produit. Ainsi nous avons découvert la noix de coco, l'Inde, les Philippines et chacun des enfants a dégusté un petit bout au combien exquis. Sévère mais tellement bienveillante, elle nous décrivait cette grande ville, Toulouse, qui faisait rêver toute la classe.

Médecine scolaire rigoureuse, années 50

Le moment délicat pour les scolarisés était la visite annuelle du médecin scolaire, fantasmée et appréhendée en raison des histoires qui se colportaient, s'enrichissant de fioritures d'un enfant à l'autre.

Après chaque visite du médecin, qui était complète, comme il se doit, mais surprenait, car dont nous n'en avions pas l'expérience, des enfants de plus de six ans étaient dirigés vers l'hôpital, pour primo infection[7], phimosis serré[8], ectopie testiculaire[9], ou encore appendicite non diagnostiquée prête en se commuer en péritonite.

Le docteur Grigorieff, par ailleurs généraliste Saint Gironnais, compétent, rigoureux, attentif et débordé, exerçait à Saint-Girons, tout en effectuant la médecine scolaire annuellement à Castillon et dans les villages environnants. Il était secondé par son épouse, infirmière multitâches, qui assurait le secrétariat, les prélèvements, les cutis[10].

---

[7] Premier contact de l'organisme avec le bacille tuberculeux, sans signes cliniques autres qu'une cuti très positive. Ce dépistage permettait de surveiller l'enfant « primo infecté » et de lui éviter la maladie tuberculeuse, endémique encore à cette époque.

[8] En cas de phimosis, on ne peut pas découvrir le gland du pénis : la peau qui le recouvre, appelée prépuce, est trop serrée à son extrémité. Le phimosis disparaît généralement avant cinq ans. S'il persiste ou s'il apparaît à l'âge adulte, il peut provoquer des complications.

[9] Ectopie : un ou deux testicules non présents dans les bourses.

[10] Cuti-réaction à la tuberculine : La cuti-réaction à la tuberculine est une méthode de recherche pour vérifier si la personne testée a été en contact avec le bacille tuberculeux

Maniant une plume en fer pour scarifier nos bras, après désinfection à l'éther, elle nous faisait redouter ce moment et l'odeur abhorrée annonciatrice de la douleur de la cuti, douleur majorée par nos fantasmes colportés depuis l'annonce de cette visite annuelle.

Connaissant la date de cette visite, les épiciers s'achalandaient en tubes de dentifrice et brosses à dents pour l'occasion. Chaque enfant était tenu de se présenter avec le carnet de vaccinations (remis à jour à cette occasion), une brosse à dents et un tube de dentifrice, qui parfois finissaient ensuite dans le tiroir des oubliettes… pendant une année.

Les recommandations du toubib, destinées aux parents pleuvaient sur les carnets de santé, et les pharmaciens rechargeaient leurs stocks d'huile de foie de morue[11].

Ce médecin sera choisi par nos parents lorsque nous déménagerons à Saint-Girons. Nous découvrirons d'autres particularités de sa pratique quand il viendra sur le coup de minuit vacciner les petits enfants pendant leur sommeil « pour qu'ils ne souffrent pas » ce qui n'était pas garanti, car l'enfant se réveillait en hurlant.

Il conseillait à mon grand-père, bon vivant en surpoids, de faire « Ramadan » une ou deux fois dans l'année.

Les patients qui le consultaient et l'appréciaient ne regimbaient pas devant les heures passées en salle d'attente, car il consacrait sans compter ni « faire d'abattage », le temps nécessaire à chacun pour écouter, examiner, et expliquer les prescriptions, dessins à l'appui. Je prendrai plus tard modèle sur lui pour faire du « sur mesure » sans compter le temps passé auprès des patients.

Lorsque je retrouverai des ordonnances destinées à ma grand-mère, écrites et soulignées de plusieurs couleurs, avec médicaments et conseils diététiques adaptés, je pourrai confirmer que ce médecin qui

---

ou si la vaccination tuberculeuse (faite avec le Bacille Calmette – Guérin = BCG) qu'il a subie a entraîné la fabrication d'anticorps.

[11] Ce sirop d'un goût amer et détesté de tous les enfants contenait de la vitamine D 3 et prévenait du rachitisme. Il est remplacé depuis par les gouttes quotidiennes ou les ampoules de Vitamine D3 OH plus faciles à prendre, voire des capsules molles, et conseillées tout au long de la vie, notamment aux deux extrêmes (avant 16 ans et après 50).

a terminé prématurément sa vie dans un accident de voiture, peut être en raison d'épuisement, était un médecin très compétent, bienveillant, qui ne mesurait pas le temps nécessaire pour bien soigner les consultants.

D'une montagne à l'autre

Le chemin des vacances, d'une montagne à l'autre, Couserans – Haut Vicdessos, 75 kilomètres, était une fête, en autobus, avec pause-café pour les parents, sirop de grenadine, limonade pour les petits, à Saint-Girons Foix, à chaque changement d'autobus.

Ce parcours qui prenait la journée, ne nous semblait pas long, car à midi venait la pause repas, chez Marcelle amie de jeunesse de Maman, ses frères Emile et Maurice au village de Bompas près de Tarascon, à 15 kilomètres d'Auzat.

L'autobus nous déposait au coin de la route Foix – Tarascon, nous montions à pied la côte vers le village. Pendant que les parents discutaient, si heureux de se revoir, après avoir savouré un repas toujours délicieux, préparé avec amour par Marcelle, nous retrouvions dans la rue, les voisins, pour jouer.

Marcelle restera fine cuisinière et fine gourmette jusqu'à 101 ans passés et continuera sa vie durant à donner des recettes, des conseils de jardinage, de couture, de bon sens, et rappeler les souvenirs de nos anciens, à chacune de nos visites.

J'apprendrai 50 ans plus tard, de Maurice (lui aussi jusqu'à ses 93 ans demeurera un pilier solide et pérenne de mon trajet), longtemps après le décès d'Antoine, mon père, puis d'Emile, que ces deux derniers s'étaient connus en 1937.

Tous deux immigrés (Italie et Espagne) fraîchement nationalisés Français, après trois ans de service militaire (au lieu de deux pour les autochtones), seront envoyés en première ligne en tant que tels, avant d'être faits prisonniers puis déportés en Allemagne.

Ni l'un ni l'autre ne m'ont parlé de ce qu'ils avaient vécu au cours de toutes ces années. Simplement, papa qui n'a pas incité ses enfants à apprendre l'italien ou l'espagnol nous a toujours encouragés à parler le plus correctement possible le français. Il ne voulait pas sortir de France pour les vacances : « Nous irons à l'étranger quand nous connaîtrons parfaitement la France » un leitmotiv observé et répété maintes fois, dès qu'il achètera sa première et unique voiture, sa fierté, une Peugeot 403, neuve, des années plus tard, en 1960. Et nous ne partirons jamais à l'étranger, passant essentiellement les vacances à Auzat.

Au volant de cette voiture, Papa me donnera des leçons de conduite familiale, assis près de moi, mère et frères assis à l'arrière, commentaires moqueurs ou inquiets à l'appui, pour économiser les frais d'école de conduite, tout en promenant la famille.

J'ai ainsi manqué de précipiter notre équipage sur une promeneuse et son enfant marchant en sens inverse sur un étroit chemin emprunté, près d'Engomer, et qui m'avaient comme aimantée.

J'entends encore le hurlement de mon père « braque tout ! braque tout ! », joignant le geste salvateur à la parole.

Papa m'apprendra aussi à changer une roue, remplacer les lampes, dévisser la tête du delco, vérifier tous les niveaux des réservoirs, et faire des créneaux en marche arrière dans une côte escarpée (sans direction assistée dans cette voiture des années 60). Y compris juste avant de passer le permis, ce qui me mettait une pression maximum, mais dont je remercie encore le paternel lorsque je réussis un créneau délicat.

Conséquence logique de cet apprentissage, il me demandera de démontrer mes capacités en matière de bricolage auto avant de me confier sa voiture pour ramener en solo, ma Mémé de Saint-Girons à Auzat (75 kilomètres), puis me rendre, toujours en solo, « une seule fois » à Toulouse pour mon inscription en Faculté de Médecine, quels bonheurs, ourlés de sérieuse concentration !

J'obtiendrai le permis à la première tentative, le 31 décembre 1965, malgré une faute « grave » dont j'ai oublié le souvenir, grâce à la date de passage. Je suis rentrée fière avec le « papier rose », évitant de mentionner les détails du parcours à la famille.

Retirer la tête du delco était une opération délicate et lorsque nous sommes partis en famille camper « à la sauvage », à Cavaillon, papa la retirait le soir pour éviter de voir la voiture disparaître pendant notre sommeil. Quelle crise de rire étouffé tant bien que mal avons-nous eue avec mon frère Jean, nettement plus habile, qui me suivait à un an près dans les apprentissages, y compris le bricolage de la voiture, lorsque nous avons constaté que le paternel n'arrivait pas à replacer cette « putain » de tête.

C'est de son frère Pietro, beaucoup plus tard, que j'apprendrai l'appétence d'Antoine dès le plus jeune âge, pour la lecture. Enfant, il partait toujours avec un livre pour garder les vaches du père métayer à Roquettes, et captivé par sa lecture, en oubliait régulièrement la surveillance, laissant le bétail divaguer. Cela valait force remontrances du patriarche.

Emile, l'ami rencontré au service militaire, puis pendant la « drôle de guerre »[12] me racontera qu'un livre *Grammaire du Maître*, écorné, fragile, auquel mon père tenait plus que tout, l'avait accompagné pendant toute la guerre et la captivité en Allemagne qui a suivi.

Papa, adolescent, adorait la pratique du vélo, et participait à des courses qu'il gagnait souvent, se rendant avec ses amis à bicyclette sur le lieu de l'épreuve, parfois à plus de 100 kilomètres de distance de la métairie familiale. Au retour effectué de même, il partait sur les fêtes locales et rentrait « à point d'heure ». Pour faire rendre raison à ses cinq enfants, le Patriarche les réveillait le lundi matin, une heure plus tôt et les envoyait aux champs, espérant ainsi que la fois d'après, ils rentreraient moins tard… sans garantie de succès.

Ces prouesses, je les tiens également de mon oncle Piétro, car mon père a toujours tenu un discours « rabat joie » m'interdisant de venir les ongles, d'oser le rouge à lèvres, de sortir dans les fêtes locales, y compris celle d'Auzat quand j'atteignis l'âge de danser en public. Je

---

[12] Période qui va de la déclaration de guerre de la France à l'Allemagne le 3 septembre 1939 à l'offensive allemande du 10 mai 1940, caractérisée par une attitude plutôt passive ou attentiste des autorités françaises et l'absence presque totale d'affrontements entre la France et l'Allemagne.

garde encore le souvenir de ma colère « rentrée » lors d'une tirade un soir de fête pour m'expliquer ainsi qu'à ma cousine venue en vacances, que c'était « un lieu de perdition », et qu'il valait mieux rester à la maison pour lire, tranquillement.

Petite, à Castillon, j'attendais impatiemment les visites de ma cousine Janine qui arrivait avec un collant jaune ou rouge (énorme décalage avec les chaussettes montantes rugueuses de maman, tricotées à la main), en cadeau et me mettait du vernis, rose pâle, sur les ongles, j'évitais ensuite de laver mes mains, le plus possible, pensant garder le vernis le plus longtemps. Pour le reste du maquillage, les sorties et les cigarettes, j'attendrai l'indépendance de la faculté.

La seule autorisation paternelle consistait à accompagner au cinéma certains dimanches, Nadia, une jeune femme de gendarme, venue de Pézenas qui choisissait avec moi le programme. « Les diaboliques », « Chantons sous la pluie », « Senso », « Les quatre cents coups », « Le beau Serge », « Bonjour tristesse », m'étaient ainsi autorisés, avec chaperon alors que partais sur mes 18 ans.

Aller au cinéma « Le Florida », en famille, était une fête rare, qui nous a permis de déguster « Le jour le plus long », « Ben Hur », « La grande vadrouille », choix du paternel. Un plaisir, autant pour le film, que pour la sortie avec les deux parents, qui était exceptionnelle.

La hantise de mon père, et de ma mère, je le réaliserai des années plus tard, c'était de bien élever leurs enfants, de les voir dominer embûches scolaires et intégration dans la société.

Ma mère, contrairement à mes grands-parents, ne m'a jamais associée dans l'enfance à la cuisine, au ménage, à la couture, et toujours encouragée à lire, alors qu'elle-même lisait très peu. Je la voyais attachée aux tâches ménagères et n'ai réalisé que passé l'âge de 12 ans, que je pouvais faire mon lit le matin et ranger ma chambre, avant de partir à l'école, suivant l'exemple des copines de la gendarmerie qui elles, aidaient leur mère au ménage, repassage, et à la vaisselle, depuis longtemps déjà.

Andrée, Parisienne revendiquée, née à Villejuif le 1er février 1920, gardait un regret, maintes fois exprimé sa vie durant, de n'avoir pu poursuivre les études commencées au lycée parisien prestigieux Fénelon, et stoppées à 15 ans, pour partir à Auzat avec ses parents, inquiets pour sa santé précaire, et pressés de retrouver leur terre d'origine au moment de la retraite.

Des livres, nous en avions très peu à la maison, mais nous en empruntions dans les bibliothèques. Maman contrôlait nos lectures, et j'avais découvert dans l'armoire qui contenait les affaires de toute la famille, au milieu d'une pile de draps « La Sonate à Kreutzer » de Léon Tolstoï. J'ai dégusté ce livre en douce, à chaque occasion, quand je me retrouvais seule à la maison, rarement, maman partie avec son vélo en courses, ce qu'elle faisait bi quotidiennement, ne disposant pas de « frigo ».

Plus tard, j'ai relu ce livre, cherchant ce qui avait inquiété la mère, au point de le soustraire à notre accès, et n'ai rien trouvé. Mais je garde de ces moments de lecture volés, un souvenir de plaisir encore intact, parachevé par la découverte agréable de l'œuvre complète de Tolstoï, Dostoieswki et Gorki dans la foulée, beaucoup plus tard.

Quand mon frère Jean recevra comme prix de fin d'année, en sixième « Raboliot » de Maurice Genevoix, notre mère ouvrira le livre, découvrira des jurons écrits noir sur blanc dès les premières pages. Elle ira chez le libraire, en ma compagnie, échanger ce livre dangereux contre un club de cinq ou équivalent, malgré les assurances du libraire sur la qualité de Raboliot !

Ce même Raboliot, nous le rechercherons et lirons plus tard, en douce, en l'empruntant à la bibliothèque.

Ces méthodes maternelles ont certainement orienté ses deux aînés vers l'addiction immodérée, et durable pour la lecture.

À l'école primaire publique, Castillon, puis Saint-Girons après mes 8 ans, nous étions à égalité, garçons et filles.

Plus tard au collège, les filles avaient droit à des cours de couture et les garçons à une heure de récréation, ce que je trouvais injuste. Aussi je mettais un point d'honneur à bouder la couture et revenir avec des notes catastrophiques.

Je n'ai jamais appris à repasser, tricoter ou broder, peut être voyant ma mère coudre à la machine, penchée sur sa Singer, tricoter avec des aiguilles, puis avec une machine à tricoter électrique.

Engin qui faisait sa fierté et son occupation quotidienne en plus des tâches ménagères, des courses, du jardinage, facilitant la fabrication de nombre de pulls compliqués, originaux, multicolores, pour nous cinq, mais aussi pour cousins, cousines, et amies. Des pulls encore impeccables 70 ans plus tard !

Ses petits-enfants aussi revêtiront des pulls « faits maison », car elle poursuivra son activité de tricoteuse inspirée pour des motifs uniques, originaux, bien au-delà de 80 ans.

J'ai eu la chance de recevoir à la maison une éducation sans différence de genre avec celle de mes frères et les parents nous ont toujours laissés librement jouer dehors (*mais dans l'enceinte de la gendarmerie, non, mais oh !*) sans grande surveillance, mise à part celle toujours implicite des gendarmes... avec seule obligation de respecter scrupuleusement les horaires incontournables de repas, midi et 19 heures. Pas de montre pour indiquer l'heure, mais les cloches de l'église étaient garantes pour donner l'information.

Nous étions encouragés à « bien travailler » à l'école, avec pour le paternel le désir de nous éviter son parcours si chaotique ?

Et vous, madame Mireille, d'où venez-vous ?

Divisé en deux villages, le bourg ancien, et la « Cité Péchiney », Auzat était un tout composé de trois entités juxtaposées.

Le bourg ancien, dans les années 1950, première entité, ses maisons et rues étroites et sombres, serrées contre les rues qui bordent l'abattoir, l'église, le lavoir, le long de la rivière le Saleix. Les habitants, paysans qui cultivaient de petits jardins parcellisés en périphérie du bloc des maisons, des commerçants nombreux, deux bouchers, trois boulangers, un cordonnier, une marchande de journaux, un marchand de tabac, deux tenanciers de cafés, un d'hôtel, et des fonctionnaires de la mairie, de l'EDF, des douanes.

Les terres plates plus étendues, fertiles, le long du Vicdessos, avaient été acquises (à quel prix ?) par Péchiney et EDF pour construire l'usine et la centrale électrique, jouxtant la Cité où logeaient les ouvriers.

Avec ses maisons neuves, près du ruisseau le Vicdessos et de l'usine, la Cité regroupait les ouvriers et leur famille, dans la deuxième entité, à l'ombre et à l'humidité, qui perdurait une bonne partie des longs mois d'hiver et de printemps.

La troisième partie du puzzle, face aux deux premières, se trouvait « en haut », dans un entre soi, sur le versant exposé au soleil « la vexane », un peu épargné par les fumées de l'usine. Les « villas », maisons cossues, apanage des cadres, hautes, majestueuses, ensoleillées, isolées ou accolées deux par deux, ceintes de jardins harmonieux, fleuris, affirmaient leur suprématie sur celles des ouvriers, coincés dans les bas-fonds, où quatre familles par maison, dotées d'une maigre parcelle de jardin, étaient regroupées.

Pour unifier le tout, à l'entrée du village, au-dessus de la cité ouvrière se dressait la maison du directeur[13] de l'usine, isolée dans un parc majestueux protégé de murs et dans lequel s'élançait un pigeonnier que je trouvais magnifique, l'imaginant semblable aux monuments que décrivaient mes lectures, Comte de Monte Christo, Pardaillan.

Les habitants de la cité Péchiney sont les ouvriers qui travaillent dur à l'usine pour fabriquer de l'aluminium, sortent de l'usine, poudrés de poussière grisâtre, des pieds à la tête.

Sur la colline ensoleillée sont installés les cadres de l'usine, qui vont travailler, dans mon souvenir, en costume – cravate et sortent tout aussi impeccables qu'ils étaient entrés le matin. La petite provinciale que je suis, dont la plus grande ville connue est Foix, les admire à leur passage rue d'Espagne, à midi et le soir, devant la maison des grands-parents : secrétaires élégantes, maquillées, lèvres peintes rouge carmin, cadres bien calés dans leurs costards chics.

---

[13] Ce lieu deviendra après la fermeture de l'usine un foyer d'hébergement pour handicapés le foyer occupationnel du Montcalm, géré par l'APAJH.

La majeure partie des habitants de la cité, immigrés avec des noms étrangers, viennent de pays qui me font rêver, moi qui ne connais que l'Ariège : Algérie, Arménie, Espagne, Italie, Maroc, Portugal, Russie.

Des noms qui chantent, comme le mien d'ailleurs, puisqu'à Castillon, puis plus tard à Saint-Girons, on me demandera « d'où tu viens avec un nom pareil ? ».

Étonnée de la question, cherchant une réponse autre que « je suis née à Auzat », je poserai la question à mon père qui me confiera : « c'est compliqué, je suis Français, depuis mes trois ans de service militaire, suivis de 5 ans de captivité en Allemagne, mes parents étaient italiens, fermiers dans les montagnes du Piémont, et je suis né en Argentine, à Villa Hindole, dans la province de Cordoba en 1913 ». Seul moment de sa vie où il m'a donné cette explication.

Cherchant à mieux comprendre cet imbroglio, je posai la question à ma mère qui donna un raccourci saisissant : « Tu dis que ton père est corse, c'est plus simple. »

Un raccourci incompréhensible, d'autant que je n'ai connu la famille, côté paternel, que vers mes huit ans, peu après le décès du Patriarche.

À l'occasion d'une course cycliste dont l'arrivée était Castillon, j'ai été conviée à remettre (quel privilège et quel enchantement !), la gerbe de fleurs au vainqueur de la course, gagnée par Hubert Becchio, petit fils du Patriarche dont je faisais la connaissance.

Je découvrais que papa, taiseux comme ma mère sur ce sujet, avait une famille, un sympathique neveu Hubert, très affectueux, à la belle figure ouverte, toujours souriante, retrouvant une vraie complicité dans les calembours avec « son tonton », deux frères, trois sœurs et de nombreux neveux et cousins dans la banlieue de Toulouse.

Les relations familiales, interrompues, quelques mois après le mariage de mes parents, ont repris alors.

Partie en éclaireur quelques semaines après, sous la conduite de Gisèle, une si jolie cousine, frondeuse, élégante, juchée sur de hauts talons venue me quérir à Castillon, j'irai souvent en vacances dans la nombreuse famille paternelle, généreuse, rieuse, chaleureuse, qui m'émerveillait. Et je trouverai une liberté de bouger, courir dans le village sans le contrôle des parents, un peu comme à Auzat lorsque je j'y restai seule avec les grands-parents.

Mon oncle Pietro avait 5 enfants, des cousins étaient abonnés à l'Huma et donc à PIF que je dévorais pendant les semaines de vacances passées à Roquettes, dans la chambre mansardée sous le toit de la maison de ma cousine Jeanine et de son mari Roger.

Ces questions sur mes origines, les interrogations qui viendront plus tard sur les non-dits dans la famille, les non-réponses à mes questions, voire des fâcheries durables, sur le secret gardé de la période de 8 ans d'échanges stoppés d'Antoine avec sa famille, perdurent encore.

Elles me conforteront dans la nécessité de respecter, mais aussi d'essayer de comprendre les humains que je rencontrerai au fil du temps, avec leurs particularités, leur parcours de vie, leurs différences, leurs dénis, conscients ou pas.

Plus tard, devenue médecin, je mettrai quelques années à poser aux consultants, dans mon cabinet une question pourtant essentielle « de quel pays êtes-vous originaire », avec dans mon idée le désir de ne pas les blesser.

En retour, parfois je trouverai souvent la question : « Et vous, madame Mireille, d'où venez-vous ? »

Lorsque, en 2013, je m'installerai en Ariège pour y inventer une nouvelle page de vie de retraitée active, la question reviendra à nouveau : « D'où venez-vous ? »

Que répondre ? Auzat, Saleix, Hourré, Paris, Alba, Torino, Cordoba, Rioz, Castillon, Roquettes, Saint-Girons, Toulouse, Villejuif, Berck sur mer, Pamiers, je trouverai le juste raccourci : citoyenne du monde, fière de ce titre, pour résumer.

Années 1950
Auzat : une usine, une cité, des montagnes magnifiques

André Ruffié Montagnol et Marie Denjean Bermeil, mes grands-parents, me raconteront la naissance de l'usine, contemporaine de leur rencontre « sur le pont d'Auzat », et leur départ à Paris une fois le mariage décidé et organisé promptement, pour y chercher une meilleure vie, en 1907.

Les terres plates, les plus accessibles pour la culture, l'élevage des moutons et des vaches, situées près de la rivière le Vicdessos ont été achetées aux paysans, pour y poser l'usine et la Cité, par la Société des Produits électrochimiques et métallurgiques des Pyrénées, la PYR.

Installée en 1908 à Auzat, La PYR utilisait la houille blanche récupérée au moyen de conduites forcées installées depuis les lacs de haute montagne, de Bassiès et du Fourcat, puis au fil des besoins et des années, depuis les barrages d'Izourt.

C'était bien avant la construction du barrage de Soulcem, et nous profitions encore des balades à partir du Pla de l'Isard. 20 minutes de montée par un sentier fait pour les chèvres, avec récompense à l'arrivée et bonheur absolu : de petits ruisseaux serpentaient au milieu d'une prairie où pacageaient chevaux, moutons et vaches venus passer le temps des estives dans les hauteurs. Les montagnes environnantes étaient toutes ombrées de vert émeraude, d'ocre, de violet, les prairies habillées de rhododendrons rose tendre, bruyères violines, campanules bleues, et petites orchidées sauvages, blotties à ras de la prairie.

En bas à Auzat, j'accompagnais les grands-parents dans la cité Péchiney, visiter une cousine de Pépé, née à Saleix, Marguerite et sa famille, logées dans un quart de bâtisse ouvrière autour de Manuel le papa, exilé d'Espagne, ouvrier à l'usine et leurs enfants Sylvette et Francis.

J'admirais la qualité de vie des enfants « Péchiney », bénéficiant de tout le confort moderne, WC, douches, eau chaude.

Ils ont accès à une bibliothèque fournie, le rêve ! font du ski, avec des équipements fournis par Péchiney, apprennent à nager grâce aux cours dispensés dans la piscine d'Ax Les Thermes[14], où ils sont conduits en autobus.

Ces privilégiés partent en vacances avec les colonies « Péchiney » et voient la mer ou l'océan dès dix ans. Pour la petite fille de paysans des montagnes pyrénéennes et alpines que je suis, la rencontre avec la mer, ce sera pour beaucoup plus tard, lorsque je la découvrirai pour la première fois à 14 ans ! Et l'apprentissage de la natation encore plus tard, pour mes seize ans quand une piscine sera construite à Saint-Girons. Mes frères bien plus sportifs que moi avaient appris sans craindre la fraîcheur de l'eau dans les torrents du Vicdessos bien des années avant.

La mer, j'en rêvais avec mes lectures, les récits de mes camarades qui avaient la chance de la connaître, que je trouvais avantagés. Je mettais dans le même lot les fils et filles d'ouvriers de Péchiney, d'instituteurs, de notables : tous avaient un plus, ils savaient skier, nager, connaissaient la mer, l'océan, que ce soit La Franqui, l'île de Ré, Castillon Tarnos, ou Perpignan.

Quand, à l'entrée en sixième, le professeur de français nous demandera de rédiger une composition sur le thème « où avez-vous passé vos vacances ? », je m'efforcerai de rassembler tous ces souvenirs glanés chez les nantis qui allaient au bord de mer. Je n'oserai pas raconter que j'avais quitté les montagnes du Couserans pour celles du Haut Vicdessos pendant les vacances. J'ai même « triché » en demandant à ma voisine et amie, Claudie, fille d'instituteurs, des précisions sur les pédalos ! Si mes parents ont eu connaissance de cette

---

[14] Ax les Thermes, où fut construite la première piscine d'Ariège, en 1920.

composition, et de sa note catastrophique, ils ont dû être surpris, mais ne m'en ont rien dit. Fait très rare pour mon père qui ne me félicitait jamais sur mes notes, mais commentait les 8/10 par un lapidaire « pourquoi pas 9 ou 10 ? »

Le goût pour la cité et l'admiration des merveilles qu'elle recelait pour les enfants de mon âge a perduré encore une dizaine d'années.

Péchiney organisait des concours de jardins ouvriers, des concours de boules, de football, des voyages en famille à Rocamadour, La Franqui, Lourdes, Toulouse. Écoutant les récits dithyrambiques de mes copains, j'admirais les fils et filles d'ouvriers, toujours en train de fêter quelque chose, avec leurs parents heureux et souriants.

Âgée de 8 ans, je suivis ma mémé repérer une parcelle de jardin enclavée entre les « villas », qui appartenait à Euphrasie, la sœur de mon grand-père. Un tout petit jardin envahi de ronces, qu'elle a refusé de vendre à Péchiney, et sur laquelle poussaient des groseilles à maquereau[15], craquantes et acides, d'autant plus savoureuses, que la cueillette aura nécessité de frauder, de passer en douce par l'un des jardins d'une « villa » qui en interdisait l'accès !

Années 60, sans confort, une enfance heureuse

À Saint-Girons, où la famille avait déménagé vers mes 8 ans, nous occupions à la gendarmerie un appartement en rez-de-chaussée, mais seul un évier à la cuisine était équipé d'eau courante froide. Les 3 cabinets, « à la turque », juchés sur une fosse septique étaient à l'extérieur, communs aux six familles de gendarmes et aux bureaux d'accueil, non chauffés. Nous ne disposions ni de douche ni de lavabo.

Une fois par semaine (ou par mois ?), nous nous rendions en famille aux douches municipales, nous passant par-dessus le mur de séparation des cabines de douche l'unique savon emporté de la maison pour cette occasion. Le reste du temps, un baquet d'eau chaude,

---

[15] Groseillier à gros fruits vert pâle, devenant, selon les variétés, blanchâtres et translucides ou rouge sombre à maturité. Leur jus peut servir d'assaisonnement aux poissons, les maquereaux, d'où le nom.

chauffée sur la cuisinière à bois et charbon, suffisait pour le nettoyage « des morceaux ».

Le chauffage, inexistant dans les chambres, était cantonné à la grande cuisine où la vie était repliée l'hiver, autour de la cuisinière, et de la longue table à rallonges, tant pour les devoirs, la lecture, que les jeux, et les repas. Un petit « mirus[16] » était allumé quelques jours par hiver, dans une des deux chambres, en temps de très grand froid. Le soir en cas de grand froid, tant à Saint-Girons qu'à Auzat, on installait une bouillotte, ou une brique chauffée sur la cuisinière pour réchauffer un tant soit peu le lit, on rentrait d'un seul mouvement dans le lit, chaussettes aux pieds, liseuse (vieux tricot) sur la chemise de nuit, et on ne bougeait plus en attendant de trouver un peu de chaleur.

Conditions de confort qui ont accompagné mon adolescence jusqu'en 1967, avec le départ en retraite de mon père.

Mes amies Catou, Claudie et Simone habitaient des villas avec tout le confort, mais ce que je leur enviais le plus, c'était les livres dont elles disposaient, en quantité, et la liberté de leurs mères qui avaient un emploi, comme leurs pères. Je les trouvais plus épanouies et plus sûres d'elles que les épouses de gendarmes, attachées aux tâches ménagères du matin au soir, tricotant ou nous cousant des habits « faits maison », ce qui me faisait envier les cols roulés synthétiques des copains mieux nantis.

J'ignorais alors que depuis le XIXe siècle les épouses de gendarmes n'avaient toujours pas obtenu le droit de travailler[17]…

---

[16] Marque du poêle à bois qui était ainsi nommé par les utilisateurs
[17] Instruction n° 27296.1/gend du 6 octobre 1942 relative au mariage des militaires de la gendarmerie. Article III : dispositions spéciales, SHGN, Mémorial de la gendarmerie, 18ad.61, p. 329-335. Le dernier point renoue avec une tradition en vogue au XIXe siècle, selon laquelle : « L'officier ne peut compter sur les revenus professionnels de son épouse. La femme de l'officier ne doit pas travailler pour gagner sa vie : c'est là un postulat tenace et virulent. Elle doit rester une maîtresse de maison disponible qui se borne à recevoir avec grâce, à donner des ordres à l'ordonnance ou aux domestiques et à surveiller l'éducation des jeunes enfants. Les seules professions acceptables, à la rigueur, sont celles d'institutrice ou de professeur de piano. »
À compter de 1808, la gendarmerie à l'instar des autres corps d'armée exerce un contrôle sur les futures épouses de ses hommes. Afin d'empêcher « les militaires de contracter des mariages inconvenants susceptibles d'altérer la considération due à leur

Le gendarme était logé gratuitement par l'Armée, qui vérifiait annuellement la bonne tenue du « casernement ». Cela valait des défenses quotidiennes et surtout les jours qui précédaient la revue de la caserne. Les parents briquaient le logement du sol au plafond, papa cirait toutes les chaussures pour la nième fois, maman amidonnait les chemises d'apparat, brossait les tenues « ordinaires, apparat, montagne » qui étaient étalées sur le lit parental et vérifiait le rangement de nos chambres, mais aussi de l'intérieur des placards. Arrivait le grand jour, tout le monde au garde-à-vous ou presque, devant le Capitaine de la gendarmerie qui visitait tous les logements et ouvrait toutes les armoires.

J'ai repensé ces jours-ci à cette intrusion dans notre intimité que je vivais comme une injure, un manque de confiance, et trouvé une explication de mon laxisme envers mes petits-enfants lorsqu'ils décorent impulsivement et avec enthousiasme, les murs extérieurs et intérieurs de ma maison de Pamiers avec leurs magnifiques dessins, voire leurs mains trempées de peinture, « pour me faire une surprise » !

Simone avait une particularité pour moi qui allais au catéchisme tous les jeudis comme tous les enfants que je côtoyais : le jeudi, à la place du catéchisme, elle suivait des cours de piano avec sa petite sœur Michelle, que je me régalais d'écouter !

Je découvrais ainsi qu'il existait des modes de pensée et de vie différents, d'autant que mon père ne mettait jamais un pied à l'église, sauf cas exceptionnel, baptême, communion. Et encore, les hommes de la famille, principalement les lecteurs de l'Huma, les communistes, restaient à l'extérieur de l'église pendant les cérémonies. Ma mère rentrait à l'église pour les cérémonies, mais ne nous accompagnait pas

---

caractère », tout projet de mariage est désormais soumis à une autorisation de la hiérarchie. Cette prescription, inscrite au règlement sur le service intérieur de la gendarmerie de 1933, reste en vigueur jusqu'à la fin des années 1970. L'autorisation préalable s'accompagnait d'une enquête de voisinage effectuée, en général, par la brigade de résidence de la future épouse et transmise ensuite par la voie hiérarchique. Institution militaire pas excellence, la Gendarmerie considérait que les femmes ne pouvaient exercer le métier des armes. C'est la loi du 13 juillet 1972 qui ouvre la porte aux femmes.

plus en dehors d'elles. Mais elle nous envoyait tous les jeudis au catéchisme et les dimanches à la messe, revêtus des « habits du dimanche » qui ne servaient qu'à cette occasion et devenaient trop petits bien avant d'être usés…

Ayant réalisé que la messe de 8 heures était plus vite expédiée, je suivais celle-ci pour être libre au plus tôt, jusqu'à la communion solennelle, pour mes 11 ans.

Alors, je rageais contre l'inégalité qui régnait entre les femmes reléguées dans l'église et les hommes officiant : le curé, les enfants de chœur uniquement des garçons avaient accès aux coulisses et pouvaient goûter en douce, le vin de messe réservé au curé.

Par la suite, suivant l'exemple de mon père, je n'ai plus remis un pied à l'église. Extériorisant plus tard raisons et souvenirs qui me conforteraient dans l'agnosticisme, le décalage entre les bonnes idées de partage et de solidarité, clamées par les curés en chaire, ou lues dans les évangiles, et les mesquineries, mauvaises manières, fourberies de certains bigots fervents et « pratiquants abonnés aux messes de 11 heures ». Ces pratiquants que j'avais évités en assistant aux messes matinales de 8 heures, et qui se révélaient pour bon nombre d'entre eux, égoïstes et non-humanistes dans la vraie vie, privilégiant pour aider les « sans le sou », uniquement les catholiques bien assidus aux messes, bien loin des prières faites à l'église.

Ma mère prendra exemple sur Mémé qui sur ses vieux jours se rendait de temps à autre à l'église d'Auzat. Appréciant une église parisienne toute petite collée à l'arrière du Bon Marché, rue du Bac : « Église Notre-Dame de la Médaille Miraculeuse », elle s'y rendait bien après ses 85 ans le dimanche, souvent accompagnée de sa petite fille Alexandra, distribuant ensuite à tous ses amis, à sa famille des médailles « miraculeuses », qu'elle achetait sur place. Elle restera fidèle par ailleurs, jusqu'à ses 90 ans à Saint Antoine qu'elle invoquait à chaque fois que nous perdions un objet… que nous retrouvions dans la foulée après son incantation !

Dès ma décision de devenir libre penseuse et agnostique, je me promis de m'interdire de prendre position religieuse ou antireligieuse, respectant la liberté de croyance et d'expression verbale ou non verbale de ceux et celles que je serai amenée à rencontrer, tolérer et apprécier, qu'ils soient croyants ou non, adeptes de religions différentes et/ou porteurs de signes d'appartenance religieuse.

En 2023, je reste heurtée lorsque je côtoie des intégristes de tout bord, des soi-disant libres penseurs qui ponctuent leurs discours de « à bas la calotte, à bas, les calotins », de jugements péremptoires, tels les frileux anciens élèves des jésuites – ceci expliquant cela peut être, par peur de la contagion à distance ? – refusant de frayer avec des associations qui regroupent des catholiques, ou, à l'inverse, des pratiquants catholiques intégristes qui excluent ou évitent les athées.

Je conserverai depuis l'enfance, comme amis, des catholiques pratiquants, intègres, tolérants, humanistes tels Monsieur Louis Faure, l'adjudant de la gendarmerie et son épouse que j'avais accompagnés pendant des années à la messe de 8 heures du dimanche. Je les reverrai en Ardèche, avec Jean Louis et Jacques leurs fils copies conformes, bien après leur retraite, identiques à mon souvenir, généreux, bienveillants, et toujours disposés à partager avec les plus démunis.

Au fil des années, je découvrirai d'autres personnes exceptionnelles, dans tous les cas de figure que je serai emmenée à côtoyer, catholiques, protestants, musulmans, bouddhistes, athées… Je conserve encore les médailles miraculeuses de ma maman, comme talismans, peut-être, en transmettant à mes petits-enfants la croyance de ma mère en l'aide de l'évocation de Saint Antoine, que j'adapte à ma sauce, « si on y croit très fort, on arrive toujours au but que l'on se fixe ».

Catou, amie du « petit collège » m'a fait connaître dès la sixième, son oncle Gaston Massat, [18] un libraire érudit, poète, anarchiste, libre penseur. Il nous laissait piocher dans sa librairie, fouiller son arrière-

---

[18] Gaston Massat, né le 10 juillet 1909 à Saint-Girons et mort en 1966, était un poète surréaliste ariégeois, résistant durant la Seconde Guerre mondiale, ami des poètes Lucien Bonnafé, Jean Cassou, Joë Bousquet et Paul Éluard ainsi que du peintre René Morère. Auteur de poèmes Voici ma voix, édition le Pas de l'Oiseau et du roman Capitaine Superbe, Bordas, 1946, réédité par les Éditions Libertaires, en 2009 ; un livre passionnant, réaliste, version non expurgée de la résistance en Ariège.

boutique, où s'entassaient des livres poussiéreux. Humaniste tolérant, il nous incitait à réfléchir et résister aux idées toutes faites, qu'elles soient de droite ou de gauche.

À l'époque, on ne parlait pas « d'extrême », mais citoyens de gauche étaient opposés à ceux de droite, notamment pendant la période de la guerre d'Algérie.

Les enseignants pro-FLN du collège qui manifestaient discrètement ou non étaient repérés, critiqués, surveillés, par les gendarmes notamment. Je commençais à me poser des questions pour comprendre cet antagonisme, notamment sur les raisons d'empêcher le peuple algérien de reprendre sa liberté.

Scotchés à la radio, inquiets, mes parents parlaient de cette guerre en souhaitant qu'elle se termine, essentiellement pour éviter le départ de mon père pour un nouveau chantier de tueries, après celui de 39/45.

Avec Gaston, avec mes professeurs de gymnastique et d'histoire, je rencontrais des discours et des façons de vivre différents de ceux tenus à la gendarmerie, sur la guerre d'Algérie, et débutais mon éducation politique.

Je faisais également connaissance avec le sectarisme obtus d'un professeur d'histoire qui m'avait attribué en classe de quatrième un exposé sur la présentation des institutions politiques de la France, travail pour lequel mon père m'avait aidée pour la première et unique fois de ma carrière d'écolière, pendant plusieurs soirées, ce dont j'étais éblouie et ravie. Arrivée en classe, je présente mon travail et le professeur qui était, je l'ai réalisé plus tard antimilitariste et pour l'Algérie libre, m'a demandé qui m'avait aidée et m'a ridiculisée ensuite devant toute la classe, écoutant à peine mon exposé qui était simplement factuel.

La semence allait germer et mûrir en moi, pour transcender ce moment de honte, mêlé d'injustice et de punition imméritée, en un sentiment de rage violente et de désir de vengeance, en me promettant de réussir à vivre libre et indépendante.

En classe de seconde, une humiliation assénée publiquement par le professeur de chimie à un élève pensionnaire en lui remettant sa copie « fait ce qu'il peut, mais peut peu », m'avait fait haïr ce professeur dont les paroles sont encore présentes à mon esprit 60 ans plus tard.

Je m'efforcerai désormais de toujours chercher à comprendre, en évitant le sectarisme, les chapelles, le parti pris, l'a priori, les étiquettes attribuées d'office, tout en décidant de m'opposer farouchement aux jugements péremptoires.

En classe de seconde, nous trouverons dans l'arrière-boutique de Gaston Massat, une traduction de l'Eneide de Virgile qui fera le bonheur d'une équipe de quatre copines. Pour ne pas trop étonner le professeur de latin, nous retraduirons en faisant des fautes une à quatre par version, afin de rendre quatre copies différentes. Ce qui, en y repensant, nous faisait étudier le texte de près.

Pendant les huit années passées à Saint-Girons, la lecture m'a permis d'éviter l'ennui, et ouvert des horizons. Je dévorais tout ce qui me tombait sous la main, les livres empruntés aux copines et aux bibliothèques, la municipale gratuite et la catholique payante. Je me réveillais tôt, en même temps que mon père, premier levé pour préparer le café, et vite habillée, le café bu, je m'installais dès les beaux jours sur le pas de porte pour lire en attendant l'heure de départ en classe.

Hector Malot avec Rémi dans « Sans famille », Vitalis et les chiens Capi, Dolce et Zerbino, puis Perrine dans « En famille », m'ont préparée à rencontrer Cosette, Jean Valjean dans « Les Misérables », et « son droit sacré à devenir meilleur », puis Oliver Twist, David Copperfield, la Case de l'Oncle Tom, Dostoiewski. Et toutes ces lectures, celle d'Anne et Frank y compris, m'ont ouvert les yeux sur les inégalités de la société et peut-être donné l'envie de les combattre.

Jean partageait mes lectures et quand nous avions un livre en deux tomes, notre soif de lire et découvrir nous faisait tirer au sort en alternance, qui lirait en premier le tome 1 et qui lirait le deuxième. Nous avons ainsi dévoré *Les trois mousquetaires*, vingt ans après, le Vicomte de Bragelonne, dans l'ordre ou pas.

Notre Mémé qui venait passer une semaine chez nous à Saint-Girons, profitant du séjour pour consulter le docteur Grigorieff, avait appris à lire et écrire avec son mari, à plus de 60 ans, et partageait les lectures que nous choisissions « à sa portée ».

En fait, elle avait appris à lire en même temps que nous, lors des séjours des grands-parents à Castillon dans le début des années 50, où pépé nous faisait ânonner les lettres de la méthode Boscher[19] (Apprentissage de la lecture), et nous lisait des histoires. Par contre, elle savait compter sans lire ni écrire et trouvait les solutions de calculs sans pouvoir en expliquer le chemin !

Notre mère confirmait ce don, déjà en 1930, quand Andrée, âgée de 10 ans, cherchait la solution d'un problème de calcul (surface d'un terrain, calcul de robinets). Sa maman lui donnait le résultat. Elle n'avait plus qu'à trouver le chemin pour y arriver, et ce résultat était toujours juste.

Un jardin attenant à la gendarmerie était chouchouté par le père, aidé de maman et fournissait tous nos légumes.

Avec Jean, nous avons défriché une toute petite parcelle envahie par les ronces et les cailloux, sur le chemin qui surplombait le jardin. Quand ce fut terminé, bien égalisé, prêt à planter, les parents qui avaient pourtant donné leur accord initial aux apprentis jardiniers ont réquisitionné cette parcelle pour y faire des semis. Quelle fut notre déception devant cette nouvelle injustice subie !

Plus tard quand nous connaîtrons l'histoire des grands-parents italiens partis en Argentine dans la Pampa, défricher un terrain, deux terrains, puis trois, puis quatre et arrivés au cinquième, disposer en propre d'une toute petite parcelle, nous nous dirons, que nous avons marché, modestement, certes, dans les pas des anciens.

Quand je désherbe mon jardin à Pamiers, m'essayant à la permaculture, respectant fleurs et herbes sauvages, pour les oiseaux, les abeilles, les insectes, par souci écologique, mais aussi par

---

[19] Ou la journée des tout petits, ouvrage de méthode de lecture agrémenté d'images, édité pour la première fois en 1906. Les auteurs : Mathurin Boscher, instituteur, V. Boscher, institutrice, J. Chapron, instituteur.

fainéantise, me reposant sur mes cinq poules pour gratouiller le jardin, je pense aux anciens qui dans les montagnes ariégeoises, ou la pampa argentine, ont peiné pour défricher.

La colline qui surmontait l'ensemble accueillait les jeux des enfants de gendarmes et leurs rêves imprégnés de nos lectures, *Club des Cinq, Pardaillan, Comte de Monte Christo, Les trois Mousquetaires, Fanny, Marius* de Marcel Pagnol qui nous indiquaient la marche à suivre pour résister aux injustices.

Avec les copains et copines de la gendarmerie, nous montions des pièces de théâtre, des spectacles de cirque et aussi une confrérie secrète et éphémère.

À Saint-Girons, à la gendarmerie, les bureaux étaient accolés au bâtiment où logeaient six familles, prolongé d'un grand jardin distribué en parcelles, une par famille de gendarme.

Le chef, Monsieur Faure, sa femme, leurs enfants Jacques et Jean Louis, habitaient une villa située entre le jardin et le bâtiment des six familles.

La colline qui surmontait l'ensemble accueillait nos jeux et rêves issus du *Club des Cinq*, qui nous indiquaient la marche à suivre pour débusquer les ripoux.

Nous avons imaginé une société secrète qui ne l'est pas restée longtemps.

Découvrant une cavité dans la roche qui surplombait les jardins, nous y avions caché, discrètement, en douce, dans une boîte vide en aluminium (Guigoz) du lait en poudre de notre petit frère, carnet, lampe de poche, rouleau de ficelle, crayon et couteau.

Nous nous réunissions, en cachette des parents et cherchions qui parmi les gendarmes ou leurs femmes était un bandit possible, inscrivant nos idées lumineuses dans le carnet.

Les gendarmes étaient habitués à nous surveiller de loin, sans que nous l'imaginions. Nous l'avons découvert à nos dépens.

Le maître-chien, Monsieur Blanc, responsable d'un chien-loup, nommé Rolf, dressé pour retrouver une personne perdue dans la montagne à partir d'un objet lui ayant appartenu, ne nous était pas sympathique.

Notre seule envie était de caresser ce chien, ce qui était interdit. Je plaignais ce pauvre Rolf, car il était toujours dans sa niche, enfermé, sauf deux fois par jour où il partait courir s'entraîner sous la houlette de son gardien !

Nos rendez-vous secrets ont bien duré 3 semaines, en notant les allées et venues de ce suspect, trouvant des raisons supplémentaires de suspicions, à chaque fois que nous nous trouvions sur son chemin. Son nom, Blanc nous semblait bizarre alors qu'il était très bronzé, il n'avait pas d'enfant, sa femme, toujours « tirée à quatre épingles », faisait « la fière », ne nous disait aucun mot gentil, lui non plus d'ailleurs et surtout, il ne nous laissait jamais approcher « son chien ». C'étaient là des preuves évidentes de banditisme pour nous !

Quelle surprise de voir le vingtième jour, à notre retour d'école, à midi, bien en vue, sur la table de la cuisine : le contenu et le contenant de nos secrets !

Tout étalé : la boîte de lait vide, le carnet, le crayon, la ficelle ! Quel désespoir ! Notre cœur s'est serré d'un coup !

Le maître-chien, qui nous avait pistés, avait découvert notre cachette et lu nos soupçons sur quelques gendarmes, dont lui, ainsi que nos projets pour les démasquer ! Et tout emmené à nos parents, ayant identifié (à mon écriture ?) les deux chefs de bande, mon frère et moi.

J'entends encore les remontrances verbales, sévères du père et revois le demi-sourire de notre mère qui compensait un peu, comme à chaque colère devant nos incartades et espiègleries.

Et j'évitai de regarder mon frère dans les yeux, car le risque c'était de démarrer un rire incoercible comme tant d'autres fois devant les reproches paternels, tonitruants dans le ton et les paroles, mais toujours verbaux, parfois ponctués de jurons. Espèce d'ABRUTI étant le plus délicat.

L'élan de notre vigilance active a été coupé net.

Nous avons rebondi sur les parties de billes, la lecture, le théâtre, le cirque, les paris sur les couleurs, le nombre de voitures qui roulaient devant la gendarmerie.

Et aussi sur les blagues dans l'organisation desquelles mon frère Jean excellait, soutenu par des supporters fervents et ferventes : éclairer grâce à deux miroirs réfléchissant le soleil, les phares du camion ou d'une voiture des gendarmes, garés dans la cour. Nous étions massés dans l'escalier qui montait le long de la roche surplombant la cour de la gendarmerie, et nous régalions de voir un des chauffeurs venir éteindre les phares, repartir, puis revenir, car un collègue signalait les phares oubliés... Le plus dur, c'était d'empêcher les plus jeunes de rire trop bruyamment.

J'avais découvert Marcel Pagnol à la radio et tous les jours je rentrais de l'école en pédalant « à fond la caisse », pour l'écouter à 17 heures 30. Il nous lisait une tranche de ses écrits « Le Château de ma Mère » et « la Gloire de mon Père ». Cela m'avait fait me précipiter à la bibliothèque pour déguster un à un tous les écrits de ce grand monsieur, que je relis encore avec plaisir.

Nous étions sans confort « moderne », mais libres et heureux.

Le jeudi après-midi, ma mère circulait avec ses enfants à bicyclette, le petit dernier juché sur le porte-bagages, les deux grands sur leurs vélos. Nous allions à la cueillette des champignons « rosés des prés », à la découverte de villages. Les côtes parfois nous faisaient mettre pied à terre, nous poser pour partager le goûter serré dans un panier sur le porte-bagages du vélo d'un des deux grands.

À l'âge de 12 et 11 ans, nous avions obtenu avec mon frère Jean, la liberté de prendre nos vélos pour faire le trajet de 14 kilomètres entre Saint-Girons et Castillon, y déjeuner chez une amie des parents, Marinette 60 ans qui en paraissait 20 de plus, vivant seule depuis le décès de son oncle, généreuse et gaie, toujours patraque et se plaignant de maux divers, mais qui ira jusqu'à 95 ans. D'où le surnom que lui avais attribué depuis mes 6 ans « Marinette, maladie, maladie ».

Elle nous régalait de saucisson, pain, chocolat noir qui sentait « le renfermé » du placard où il stagnait, et d'un flan aux œufs délicieux dont je recherche encore le goût. « Vous direz aux parents que je vous ai fait de la soupe, mais comme je n'aime pas ça, on va se régaler de saucisson, ça vous va ? », nous disait-elle avec son sourire malicieux. Ça nous allait très bien et nous étions ravis.

Un an plus tard, nouvelle négociation auprès des parents, nous étions partis pour une autre aventure, toujours à vélo pour faire les 75 km entre Saint-Girons et Auzat, en passant par Foix, via le Col del Bouich. Cela nous avait pris la journée, mais quel bonheur, et quelle surprise pour notre mémé ! Sans filet, ni portable, ni coup de téléphone pour prévenir de notre arrivée.

Jean qui était bien plus sportif que moi était à l'arrivée à Auzat plus fatigué « je t'ai coupé le vent en pédalant devant toi sur tout le trajet ! »

63 ans plus tard, passant en voiture sur ce trajet, je raconte à ma petite fille Janelle, 11 ans, cette équipée. Un moment plus tard, je lui indique la voie verte[20] qu'elle pourrait emprunter à vélo avec sa maman. Et de me répondre « super idée, et je demanderai à Maman de passer devant moi, pour me couper le vent ! »

En récompense de notre effort, à Auzat, nous avions obtenu de notre grand-mère l'autorisation de peindre nos chambres à notre idée, vu qu'elles étaient toutes de blanc vêtues, murs de plâtre nu.

Quelle joie d'aller acheter à Vicdessos à vélo (un kilomètre), chez Bergail deux seaux de peinture vert pomme pétard et bleu pastel pour embellir nos chambres, agrémentées de quelques coulures du meilleur effet !

Auzat, le village de toutes mes vacances, où je me sentais en liberté, loin de la gendarmerie, m'attirait déjà lors comme un aimant, et cela perdure encore en 2023.

---

[20] Trajet de l'ancienne voie ferrée reliant Foix à Saint-Girons.

L'âge d'or d'Auzat

Ma grand-mère a bénéficié, grâce aux mannes versées par l'usine d'Auzat, du « tout à l'égout » installé dans le village, vers 1955, et pu installer, directement sur le plancher d'une chambre étroite, summum du luxe, une salle d'eau avec lavabo, WC, baignoire alimentée en eau chaude par un grand cumulus qui faisait sa fierté.

Nous avons cessé d'aller puiser l'eau à la fontaine de la rue d'Espagne quand les grands-parents ont déménagé, pour une maison plus grande et moins exposée au soleil. « Je crevais de chaud, place de l'Ourtet », disait ma mémé ! Ma mère ne comprenait pas ce déménagement, elle qui aimait le soleil. Place de l'Ourtet, la vie se déroulait autant dans la petite maison (ouverte au soleil), que devant la porte. Je revois encore des photographies sur cette place, de mon grand-père qui se fait couper les cheveux, de ma grand-mère plumant un poulet, ou guidant l'âne attelé à une charrette chargée de bois, de ma mère adolescente, juchée sur l'âne.

Rue d'Espagne, la maison serrée entre ses voisines débouchait directement sur la rue étroite, ce qui la privait de soleil plusieurs mois de l'année.

Les grands-parents m'ont donné un exemple de couple idéal, amoureux, durable et novateur. Mémé, têtue et rancunière, qui avait son caractère bien trempé, donnait nombre de recommandations, voire d'ordres, constamment approuvées du grand-père qui ne la contestait pas, mais faisait à sa manière ensuite. Ainsi, interdiction était faite d'aller à la grande épicerie boulangerie, car elle était fâchée avec le patron, maire du village, son cousin, pour des histoires complexes de terrains pris par la commune et non ou mal indemnisés (ce qui se vérifiera en partie en 2010, mais trop tard pour réparation). Mais Pépé, excellent conteur, nous envoyait en douce acheter des cigarettes en chocolat avant de nous entraîner dans une balade en montagne, en trio, histoires du passé, découvertes et questions sur les départements, les saisons, les multiplications, apprentissage de blagues et tours de magie, jalonnant le trajet.

Pendant les vacances, quand le repas du soir était terminé, Pépé nous encourageait à sortir, faire le tour d'Auzat avec Mémé, qui adorait ces moments de parlotte avec nombre d'Auzatois installés devant leur porte sur des chaises, pendant qu'il faisait la vaisselle et le ménage de la cuisine. Nous rentrions, tout était rangé, cuisine rutilante.

Pépé, travailleur exceptionnel, qu'aucune tâche ne rebutait, était toujours souriant, accommodant, prêt à rendre service autour de lui, et je ne l'ai jamais vu se mettre en colère ni contester un interlocuteur.

Je garde de ces moments enchanteurs un souvenir lumineux, éphémère, car tout s'est stoppé à la mort de pépé quand j'atteignis 12 ans, le premier octobre 1960.

50 ans plus tard, ma mère (dont le caractère conciliant, doux, souriant, moqueur, mais aussi têtu, sera sa vie entière calqué sur celui d'André) m'encouragera à acheter une autre petite maison, sur cette même place de l'Ourtet, pour venir en vacances plus aisément avec mes filles qui s'attacheront à Auzat, puisqu'elles y passeront tous les ans des vacances depuis l'enfance.

Cette maison aura au préalable été repérée avec son amie d'enfance Marcelle en revoyant toutes leurs connaissances de jeunesse pour en faciliter la recherche. Trouvée chez leur amie Francette « la petite maison » idéale avait une histoire partagée dans les souvenirs des trois copines 50 décennies plus tard : là se tenaient des ateliers de couture, de cuisine, de jeux de cartes et de cours de danse.

En les entendant évoquer ces moments fabuleux, leurs yeux allumés de paillettes, je peinais à les imaginer dans cette cuisine de 3 m sur 3 dansant avec leurs amoureux, au son de la seule « radio ».

Mes amis de la cité, eux, qui disposaient déjà de douches et de WC (raccordés à des fosses septiques ou directement dans le ruisseau), installés dans leurs maisons « Péchiney », n'avaient pas bénéficié du « tout à l'égout » moderne réservé au seul village authentique, Auzat ! Pas plus d'ailleurs que les villages environnants, Saleix, Hourré, Marc, l'Artigue… Cette scandaleuse inégalité perdurait en 2014 !

L'usine d'épuration qui aurait dû précéder l'assainissement sur Auzat n'était pas d'actualité dans les années 50 ni dans les 6 décennies suivantes (et ce malgré les « mannes » dont disposaient les élus socialistes grâce à Péchiney et EDF).

Il faudra attendre septembre 2014 pour qu'un projet de station d'épuration des eaux usées voie le jour sur Auzat/Vicdessos[21], projet qui sera concrétisé et terminé, en 2019.

Dans les années 50, à Auzat, les familles de paysans élevaient un cochon, le lait était acheté sur place. Mon grand-père André, retraité-cadre EDF, après avoir gravi tous les stades de l'ascenseur social, depuis ses huit ans et son départ de Saleix, en 1894, à la mort prématurée de ses parents, était revenu en 1935 pour passer la retraite au plus près de son village natal.

Le but de ce retour : redonner la santé à Andrée, 15 ans, pâle et toujours fatiguée. André vivait avec Marie dans la hantise de perdre une deuxième fille. Georgette, leur grande et jolie fille aînée, couseuse émérite, était décédée à l'âge de 20 ans de tuberculose à Villejuif. Et leur souhait de recherche de « bon air » rejoignait leurs rêves de retrouver leurs racines et le travail de la terre.

Mon pépé, qui était parti, orphelin, illettré, revenait habillé comme un bourgeois, avait racheté et transformé en habitation la grange de ses parents, située au fond de la place de l'Ourtet, qui sera plus tard ornée d'un balcon, et de volets bleu pâle.

---

[21] cf. Extrait de la réponse de la Préfecture via la Direction départementale des territoires de l'Ariège datée du 28 avril 2015 « Par courrier réceptionné au SPEMA en date du 09/02/2015, vous avez déposé un dossier de déclaration concernant : la construction de la station d'épuration d'Auzat/Vicdessos à Vicdessos dossier enregistré sous le numéro : 09-2014-00434 ».

Cela a entraîné des suspicions et jalousies. La famille apprendra que des Auzatois avaient surnommé mon pépé Stavisky et ma mémé Arlette, le jour où ma mémé interpellée par une Auzatoise dans son champ « et bonjour, Arlette, tu jardines ? » en a cherché l'explication.

Ce sobriquet n'a pas duré devant la reprise quotidienne des travaux des champs, de soins aux vaches, et le surnom de *tambour* donné au retour de la guerre de 14/18 a refait surface pour nommer mon pépé. Pépé et ma Mémé, sitôt arrivés à Auzat pour la retraite, ont loué une grange à 30 mètres de leur maison de l'Ourtet.

À la foire de Tarascon, ils avaient fait aussitôt des acquisitions : un âne pour les gros travaux, une chèvre, un cochon, cinq poules, un coq, des lapins, et quatre vaches qui fournissaient du lait pour la famille.

Le surplus était vendu aux voisins qui venaient le soir à la maison, place de l'Ourtet, avec leur pot à lait en fer émaillé, ou en aluminium.

Le lait de la chèvre était réservé aux enfants, ma mère Andrée qui avait 15 ans, souvent malade, et mes cousins de 5 ans et 2 ans.

Cette chèvre magnifique faisait l'admiration de tous, blanche, avec une barbichette dorée et des taches rousses sur le dos, du meilleur effet, et d'un commun accord, elle était dénommée Blanchette.

Mais où l'installer ? Dans le champ avec les vaches, c'était risqué, elle pouvait sauter la barrière et s'échapper. Et alors, fini le bon lait pour les petits !

Pépé a alors une idée lumineuse, car il possède des petits arpents de terre sur le versant ensoleillé, la Carole, pente qui monte après avoir passé le dernier pont sur la rivière qui traverse Auzat, vers le village encore plus ensoleillé de Saleix.

Une des parcelles est un petit jardin, en pente, mais avec de la bonne terre qu'il a bien travaillée avec Mémé. Ils y chouchoutent des plants de salades, des framboisiers, des pieds de tomates, des choux et des carottes.

Andrée les surveille et attend avec impatience que les salades et les framboises soient prêtes à cueillir.

La parcelle juste à côté est encore non défrichée, pleine de ronces, d'herbes hautes, de fleurs sauvages, et les grands-parents sont enchantés d'y parquer la chèvre « ainsi ce terrain sera nettoyé par Blanchette ! » Une clôture est installée tout autour de cet enclos, la chèvre rangée dans l'enclos, avec un chaudron rempli d'eau qui lui servira d'abreuvoir, le vrai confort.

Une semaine se passe sans soucis, la chèvre déguste les fleurs, grignote les herbes, les ronces de son enclos, il y en a tant que les jardiniers sont tranquilles, et voient les salades grossir, prêtes à être cueillies.

Pour faire une surprise à Andrée, ils l'envoient encore deux jours après ramasser la salade bien à point.

Andrée monte le sentier raidillon en courant, arrive au jardin et là… voit la chèvre qui a déjà mangé trois pieds de salades et qui attaque choux et framboisiers. Quelle déception et quelle colère !

La chèvre est attrapée après une course poursuite dans la montagne qui monte à Saleix, par Pépé et Mémé venus en renfort en entendant les cris d'Andrée « BLANCHETTE, BLANCHETTE, reviens » !

Et ils la remettent dans son enclos, mais attachée à un piquet avec une longue corde qui lui permet de bouger.

Ils auront de la peine de voir attachée, et quelques jours plus tard, l'emmèneront avec les vaches et l'âne qui étaient dans un pré sur les hauteurs, dans un autre secteur, en prenant le chemin qui monte de la cascade à Olbier par un chemin fait pour les chèvres et les vaches. Et pour plus de sécurité, la clôture des prés qui accueillent l'équipe sera doublée en hauteur.

Et tous les soirs, Pépé ramènera le troupeau dans la grange près de la maison, pour passer la nuit et effectuer la traite, des vaches et de Blanchette.

La grange existe toujours, dans la rue du moulin et je partage avec mes petits-enfants ce souvenir lorsque nous faisons « le tour d'Auzat ». Janelle, Liam et Samel connaissent par cœur les histoires de Blanchette et les répètent à l'envi. Leur préférée est celle de Roussette, vache fétiche chouchoutée elle aussi, conduite à pied par mon grand-père avec tout le troupeau jusqu'à Soulcem pour y passer le temps des estives en juillet, qui est redescendue seule dans la nuit et a meuglé devant la maison des grands-parents. Ils l'ont finalement gardée seule sur Auzat pendant les trois mois d'estive.

Une chaîne d'histoires transmises ainsi des arrière-grands-parents nés avant 1900 aux 3 descendants venus au monde après 2010.

Reviennent les souvenirs du battage du blé noir sur la place de la « Trière », des repas qui réunissaient ensuite batteurs et batteuses.

Marie et André faisaient quotidiennement pour jardiner dès la fin du printemps, le trajet jusqu'à Ournac. Un lieu idyllique, très vert, qu'il fallait mériter par une bonne demi-heure de marche, emprunter un chemin traversant le Vicdessos au-dessus de la cascade, sur la berge gauche, ombragé, bordé de murettes en pierres, de fleurs sauvages multicolores magnifiques et d'arbres fruitiers.

Pépé, armé d'un bâton, éloignait les vipères et nous enseignait par l'exemple le respect de la nature et des chemins. Il ramassait chaque pierre tombée de la murette bordant le chemin pour reconstituer celui-ci.

Arrivés sur place, nous nous installions pour la journée dans une grange en pierre de taille, bien entretenue, entourée de jardins, parfumés de sauge, de thym, de fraisiers framboisiers et mûriers sauvages. Pépé ramassait du bois, allumait le feu dans la cheminée, pour cuire la soupe du repas de midi. Les enfants alternaient jeux, lecture (aussi loin que je me souvienne, nous partions avec un livre ou un magazine dans la poche à chaque « ballade »), cueillette et dégustation sur place de fruits rouges délicieux. Nous observions les anciens qui sarclaient, semaient, récoltaient. Tout cela sans oublier le moment consacré au repas, souvent frugal, mais dégusté lentement, dans le calme et toujours suivi d'une sieste réparatrice, à l'ombre du cerisier ou à l'intérieur de la grange, s'il tombait trois gouttes de pluie.

Gourmande de nature, cela me donnera, beaucoup plus tard, passé 35 ans, le désir et le plaisir de cuisiner pour retrouver les saveurs et le bonheur de partager un bon repas, autour d'un cassoulet, d'un pot-aufeu, d'un azinat[22], d'une pile de crêpes, comme dans mes souvenirs d'enfance.

Plusieurs familles possédaient à Ournac[23] un petit pied-à-terre qui fournissait l'essentiel des légumes pour l'été et les réserves d'hiver, ainsi que le foin pour les vaches. Cerises, prunes, fraises, framboises, mûres étaient délicieuses et non abîmées par les fumées de l'usine qui n'arrivaient pas jusque-là.

Reviennent les souvenirs du battage du blé noir sur la place de la « Trière », des repas qui réunissaient ensuite batteurs et batteuses.

Quant aux fêtes du cochon, elles rassemblaient dans chaque maison, à tour de rôle, les voisins venus aider pour transformer en pièces cette pauvre bête dont on épargnait aux petits enfants, l'agonie, mais non les cris stridents.

Nous assistions à la cuisine, aux chansons et discours qui accompagnaient la fabrication de saucisses, saucissons, boudins, confit et côtelettes et surtout au bon repas qui terminait la journée, dans la joie du travail accompli et de l'amitié bien nourrie et bien arrosée. Cela nous faisait oublier nos pleurs du matin en entendant les cris du cochon.

À Villejuif, pendant cette période de reconversion, leur maison était confiée à leur fils Jean, sa femme Jeannette et leurs nouveau-nés. Jean avait monté une imprimerie dans une petite maison biscornue à côté de la maison. Une maison originale, sorte de trapèze allongé, aux murs non parallèles, épousant la forme d'une mince bande de terre laissée par l'agrandissement du sentier des Guipons transformé en rue, construite en un mois pour « garder le terrain ». Quarante ans plus tard, je louerai ce local pour y créer le cabinet médical des Guipons.

Auzat, village de montagne, s'était transformé peu à peu perdant ses animaux, devenant une curiosité, et un scandale, à 740 mètres

---

[22] Soupe, au chou, carottes, navets, pommes de terre, couennes, jarret de porc et améliorée parfois de rouzoles, galettes de viande hachée, jambon, persil, ail, pain, oignons et œufs, croustillantes et délicieuses.
[23] Ournac est devenu le centre équestre du Montcalm.

d'altitude ! C'est grâce à Marie que j'ai réalisé 20 ans plus tard, la pollution occasionnée par la fabrication de l'aluminium, les brûlures des cultures, la mort lente et progressive des animaux qui broutaient l'herbe tout autour de l'usine, la disparition des abeilles, la nécessité de bien laver les salades qui étaient noires de poussières rejetées par l'usine.

Petit avantage collatéral, les doryphores, fléau du cultivateur de pommes de terre, avaient disparu avec l'aggravation de la pollution...

Chaque année, cultivateurs et éleveurs remplissaient des formulaires préimprimés, fournis par Péchiney pour y noter le nombre d'animaux malades (chèvres, moutons, vaches, veaux), le nombre d'arbres fruitiers, de cultures qui n'arrivaient pas à maturité sur Auzat (et ses environs) et les références des parcelles qui leur correspondaient.

Le paiement des indemnités pour les agriculteurs et éleveurs avait été acquis de haute lutte par les paysans, et cela depuis les années 1950.[24]

Ces indemnités iraient de soi pour Péchiney, jusqu'en... 1992 [25] « Tout le monde admet aujourd'hui qu'il faut réduire au minimum les nuisances créées par une usine dans son environnement : modification du paysage naturel, bruit, rejets de fumées polluantes, odeurs, stockage de déchets, etc. », et ne concernaient dans les années 50 que les agriculteurs et éleveurs spoliés. Encore devaient-ils prouver la toxicité entraînée par l'usine « l'impact sur des rejets sur les végétaux et les animaux est toujours difficile à circonscrire, il varie avec le relief, la pluie, le vent... l'estimation des dommages réels est délicate. Le manque d'entretien du bétail, des vergers et des forêts, s'ajoutant aux calamités naturelles, ne doit pas être imputé à la pollution industrielle. »

---

[24] « La question du fluor sera-t-elle résolue ? » Philippe Amiel, maire de Mercus Humanité, dimanche du 13 avril 1958 – n° 500 p13.
[25] Daniel C. Ménégoz, chapitre 2 « Protection de l'environnement autour des usines d'électrolyse » in Histoire technique de la production d'aluminium écrit par P. Morel, éditeur, collection Histoire industrielle, année 1992, p 131.

Ce texte date de 1992, alors que des vétérinaires, des pharmaciens, avaient publié dès le début du XXe siècle des constats alarmants et fiables.

Les écrits du Docteur Paul Hollande (Pathologie végétale de l'acide fluorhydrique – texte rédigé en 1910 à la demande du Tribunal de Saint-Jean-de-Maurienne) sont d'ailleurs cités en exemple dans le même ouvrage par D.C. Menegoz :

« La coloration et la malformation des dents des bêtes à cornes sont aussi signalées, ainsi que l'importante mortalité des abeilles, mais dans ces deux cas, des indemnisations ne sont pas encore envisagées »

Péchiney allouait une maigre indemnité, qui grossissait la somme annuelle donnée par EDF à chaque foyer d'Auzat, pour compenser les nuisances et les contraintes induites des captations d'eau emmenées en conduites forcées depuis les lacs de haute montagne, le barrage d'Izourt, afin de fournir la houille blanche aux centrales électriques.

La contrepartie des nuisances tant sur le cadre de vie que sur la santé était donc pécuniaire, et nombre de foyers d'Auzat se sont équipés progressivement de cuisinières électriques, avec la fourniture d'électricité quasi gratuite, c'était « l'âge d'or d'Auzat », commune parmi les plus riches d'Ariège. Cette indemnité EDF était toujours versée en 2019 (80 euros annuels) aux descendants des Auzatois, dans la mesure où ils habitent toujours la maison de famille de l'époque ! Bel emplâtre sur une jambe de bois !

Pépé m'avait appris à lire sur les panneaux indicateurs posés au bord de la rivière « baignade interdite – risque de montée brutale des eaux », la nécessité de respecter ces consignes, exemples à l'appui de morts violentes de baigneurs emportés par le courant. « Dans mon enfance, on se baignait sans contraintes, sans risques, car la montée ou descente des eaux était douce, prévisible, obéissant aux lois de la nature et non aux hommes payés par EDF pour appuyer sur un bouton selon ses besoins des usines du haut Vicdessos, mais aussi plus loin jusqu'à Toulouse, et faire monter brutalement le niveau de la rivière ! Les lacs dans les hauteurs ont ainsi perdu beaucoup de leur majesté et tranquillité ! »

Marie m'ouvrait les yeux sur la politique locale à courte vue, le scandale des dépenses somptuaires de la mairie, sa « bête noire », qui gaspillait « tant et plus » les mânes (données par Péchiney et EDF), afin d'éviter de partager avec les communes voisines, selon elle.

Elle refusait de voter pour les élus socialistes en place depuis des décennies et s'est même offert le luxe, lors d'un vote de mettre en lieu et place d'un bulletin, la photo de Lénine découpée dans la Dépêche du midi, journal local. Juste pour voir la tête de l'équipe municipale le soir au dépouillement, et la photo de Lénine passer de mains en mains, en silence, avant d'être déclarée « bulletin nul » !

Auzat, après avoir installé le tout à l'égout (pour le village), s'est ainsi équipé de WC publics, avec mini lavoirs attenants, dans plusieurs quartiers. Pour faire bonne mesure et table rase du passé, après lavoir et fontaines, bien des années plus tard, à Auzat, les noms de rues et places seront « simplifiés », ainsi la place de l'Ourtet, disparaîtra, purement et simplement, les numéros des maisons étant intégrés dans la rue qui les jouxtait ou les traversait, rue du moulin pour effacer la place de l'Ourtet.

Dans le même esprit, les fontaines présentes depuis la nuit des temps dans la rue d'Espagne, le lavoir ancien octogonal, magnifique dans mon souvenir, qui jouxtait l'église, ont été rasés, pour laisser circuler les voitures plus aisément !

Les élus de l'époque n'avaient pas connaissance des recommandations des anciens[26], qui respectaient les fontaines estimant la prospérité des cités, dans le sud de la France, au nombre de fontaines présentes dans chaque village.

Ce lavoir mythique où j'avais maintes fois accompagné ma grande mère, qui en sus du lavage du linge, prenait plaisir à échanger avec ses commères les nouvelles et ragots du cru. Ainsi les petites filles accompagnantes qui restaient dans les jupes des laveuses étions à l'école des cancans, de la vie et de la mort.

---

[26] Au Moyen Âge, en Provence.

La mort, j'avais fait sa connaissance à l'âge de quatre ans lorsque ma mère apprenant par un coup de téléphone, à Castillon, via le cafetier notre voisin qui l'avait hélée, que sa belle-sœur Janette, mère de deux enfants de 11 et 15 ans, était morte à Auzat.

J'entends encore le hurlement de maman et je nous vois partir précipitamment avec l'autobus pour Auzat. Après, mes souvenirs sont flous, mais ce départ prématuré « d'une si belle plante, atteinte de tuberculose, dans la fleur de l'âge », comme ma mère Andrée le répéterait si souvent ensuite, elle qui avait échappé « comme par miracle » au même sort, m'a fait prendre conscience très tôt des injustices en matière soins, du fait que la vie, c'est cadeau, et que nous ne sommes que de passage très éphémère sur terre. Et aussi peut-être ma lutte contre les morts évitables, ma difficulté à assister aux enterrements, mon envie de me battre contre les injustices.

J'ai bon espoir pour mes petits enfants qui seront plus sereins devant la mort.

Récemment ayant exposé une icône ancienne, cadeau d'une amie, j'entends une question de mon petit-fils Liâm 10 ans « qu'est-ce que tu as posé sur le piano ? »

Explication donnée sur la représentation de la religion pour ceux qui croient en l'Église orthodoxe, je lui dis, ça te plaît ? Je te le donne.

Réponse du minot : « non, Mémé, garde-le, on le mettra dans ton tombeau ! »

1960, la ferme modèle Péchiney

C'est toujours Marie, ma mémé, qui m'a montré les zones de montagne « brulées » par les fumées de Péchiney. Charriées par les vents, leurs dégâts se voyaient très bien en regardant la montagne, à gauche de la vierge, statue plantée au-dessus d'Auzat sur le versant face à l'usine. Ces mêmes vents qui respectaient la zone des « villas » des cadres, entourées de jardins moins abîmés par les fumées de l'usine.

Insidieusement, depuis le début du siècle, avec l'augmentation des cadences et de la quantité d'aluminium produit, la nature avait changé d'aspect : les arbres fruitiers ne donnaient plus de fruits, les abeilles disparaissaient, et les paysans assistaient aux maladies et à la mort lente des animaux, atteints de « fluorose ».

Les responsables étaient partie prenante du processus de fabrication, des dérivés et déchets qui en découlaient : goudrons, cryolithe, fluor, acide fluorhydrique, fluorure d'hydrogène.

L'acide fluorhydrique, rejeté avec les fumées contenant également des goudrons, très volatils, se dégage au cours la fabrication de l'aluminium par électrolyse, surtout avec le procédé « Sôderberg[27] »,

---

[27] Les vieilles cuves rondes de 15 000 ampères sont remplacées dans les années 1938 sur Auzat par des cuves « Soderberg » de 22 000 ampères par allongement de l'anode. Le procédé Söderberg consiste en la fabrication « en continu » d'une anode carbonée pour électrolyse (particulièrement utilisée pour la fabrication de l'aluminium, car l'anode est consommée lors du processus). La cuisson de la pâte carbonée s'effectue in situ (dans les cuves d'électrolyse) entraînant ainsi un dégagement important d'HAP (hydrocarbures aromatiques polycycliques) par évaporation de matières volatiles (brai de houille). Ces HAP, formés d'atomes de carbone et d'hydrogène réunis en cycles

se dépose sur les cultures environnantes, suivant le sens des vents, imprégnant les arbres, résineux et feuillus.

On peut rappeler que ce procédé, lié à une production d'électricité la moins chère possible, a justifié, en France, l'installation des usines dans les vallées de la Maurienne, des hautes Pyrénées (Lannemezan[28]) et du Vicdessos aux pieds des turbines de la Houille Blanche.

La température de fusion de l'alumine est de l'ordre de 2050°. Cependant, en la « mélangeant » avec de la cryolithe, on peut abaisser son point de fusion à 950° d'où l'intégration de cette matière première dans la fabrication.

La cryolithe, quant à elle, se compose de fluorure double de sodium et d'aluminium Na_3AlF_6, ce qui en fait un produit dangereux pour la santé et l'environnement. Elle n'est pas réutilisable indéfiniment.

Ainsi la fabrication d'une tonne d'aluminium génère cinquante kilos de déchets, dangereux pour l'environnement et la santé, qui suivent le même processus que les résidus de la fabrication de l'alumine, et produisent du fluorure d'hydrogène plus lourd que l'air.

Les paysans étaient indemnisés pour le manque à gagner sur leurs parcelles, et des embauches leur étaient proposées, à temps partiel ou complet à l'usine, ce qui arrondissait leur pécule et permettait le maintien d'un peu d'élevage et de culture en parallèle.

L'infirmière retraitée, Albertine me confiait : « les vaches avaient de gros ganglions tout le long de la colonne vertébrale, puis se mettaient à boiter, arrêtaient de manger, les os pointaient sous la peau et c'était la fin ! Les poules faisaient des œufs sans coquille, et on ne

---

accolés deux à deux, sont très toxiques et responsables reconnus de cancers des voies urinaires.

Ce procédé de fabrication des anodes a été mis en œuvre à partir de la moitié du 20e siècle, pouvant alors remplacer les procédés à anodes précuites (fabrication des anodes séparément, indépendamment des ateliers d'électrolyse) existants depuis le début du 20e siècle. Le procédé à anodes précuites expose moins les travailleurs aux HAP. Selon l'association européenne des producteurs d'aluminium (EAA), toutes les unités construites depuis les années 1970 en Europe sont équipées avec des anodes précuites : en 2005, 90 % de la production européenne d'aluminium était assurée par le procédé à anodes précuites et 10 % par le procédé Söderberg.

[28] L'usine Péchiney de Lannemezan rachetée en 2007 par Alcan a fermé en 2008.

voyait plus d'hirondelles. Les doryphores avaient disparu également. Les paysans remplissaient des formulaires avec leur nom, les numéros de cadastre, la production de blé, pommes de terre, arbres fruitiers cultivés sur chaque parcelle ».

Les indemnisations de dégâts sur la nature et les animaux avaient été acquises de haute lutte et les paysans avaient dû prouver l'origine de ces dégâts.

André, fils d'ouvrier de Tarascon, dont le grand-père était paysan sur Quié[29], se souvient :

« On avait 5 ou 6 vaches dans les années 50, celles qui travaillaient la terre étaient ferrées, et quand l'une commençait à boiter, le grand-père faisait venir le maréchal-ferrant, qui s'y entendait. Au début : "on va lui enlever le fer[30], pour voir si c'est lui la cause".

15 jours après, la vache boitait toujours, le maréchal-ferrant cure l'ongle, cherche, ne trouve pas de pus. Puis 2, puis 3 puis 4 vaches se sont mises à boiter, les os devenaient poreux, leurs membres étaient couverts de boules. La seule solution était de les vendre à l'équarrisseur qui ne payait pas beaucoup.

Alors, le vétérinaire avait organisé le transport à Paris[31] de quartiers d'une vache malade et abattue. La preuve a été apportée que le fluor était responsable, devant le tribunal où le vétérinaire avait assigné Péchiney. Mon grand-père a reçu enfin des indemnités pour les vaches qui tombaient malades.

Un expert passait deux fois par an au printemps et à l'automne pour contrôler les semences, les plantations dans les jardins et les champs.

Pour ce qui est des dégâts sur la santé des hommes, pas mal d'ouvriers sont morts près de la retraite ou juste après. Et je peux vous dire que des jeunes hommes sont morts de cancer dans notre entourage. Quand les médecins ont cherché la cause, ils ont trouvé des goudrons dans le tube digestif de ces jeunes qui étaient tous de la

---

[29] Village au-dessus de Tarascon sur Ariège, où se trouvait une usine Péchiney aussi polluante.
[30] Fer à cheval, inventé au IXe siècle, est une bande de fer recourbée en U servant à protéger de l'usure le dessous des sabots des chevaux.
[31] À l'École Vétérinaire de Maisons-Alfort.

même génération et avaient passé leur jeunesse et adolescence près des fumées de l'usine. »

Et son épouse de conclure : « Ça donnait du travail, mais ça rendait malade ! »

La direction de l'usine reconnaissait donc les nuisances sur l'environnement et les indemnisait, depuis les années 50, toujours sans reconnaître les dégâts sur les ouvriers.

Des bruits couraient que les paysans « y trouvaient leur compte » et exagéraient les demandes d'indemnité. Pechiney a voulu prouver alors que les vaches n'étaient pas malades à cause des émanations d'acide fluorhydrique et autres nuisances qui se dégageaient pendant la fabrication de l'aluminium.

Dans ma douzième année, je suivais dans ses « tours d'Auzat », ma mémé qui aimait bien « tcharer »[32] avec ses collègues jardiniers au sujet du grand branle-bas : Péchiney - Auzat installe tout à côté de l'usine « une ferme » avec un grand enclos, des vaches normandes très costaudes, et charrie, pour les nourrir, par précaution, du foin provenant de la basse Ariège, de Pamiers. Tout cela pour démontrer aux paysans d'Auzat leur fourberie lorsqu'ils demandent des indemnités pour leurs vaches malades.

Les Auzatois se croisent les bras et attendent que les vaches de la ferme Péchiney, qui broutent tout de même l'herbe près de l'usine, tombent malades. Ce qui arriva, bien évidemment ! La balade quotidienne de la fin de journée, jusqu'à la ferme Péchiney, était devenue un but et un lieu de rencontre des Auzatois, pour confirmation du résultat.

La ferme a plié ses bagages et disparu du paysage après la maladie qui a touché les vaches Péchiney comme elle avait touché les vaches de la vallée.

Après cet épisode, la direction Péchiney a dû poursuivre sa politique d'indemnisation des cultures, des animaux malades, toujours sans reconnaître les dégâts faits sur les ouvriers, qui se plaignaient

---

[32] Tcharer : participer à une discussion.

auprès d'elle des nuisances sur leur santé, la comparant à celles des animaux, indemnisées depuis peu.

Les doléances, douleurs, brûlures, blocages des articulations n'étaient pas entendus de la direction, mais commençaient à être entendus des médecins du travail, tant sur Auzat que sur Tarascon [33] !

Un ouvrier de Tarascon, Antoine, rappelle 50 ans plus tard, lors d'une exposition pour les 70 ans de la CGT, à Tarascon, la réponse extravagante de l'encadrement Péchiney, aux assertions des ouvriers, sur la similitude de la mauvaise santé des animaux et des humains :

« Nous sommes des mammifères, comme les vaches, mais les vaches sont des mammifères ruminants, ce qui fait toute la différence ! Donc, vous ouvriers, mammifères non ruminants, ne craignez rien ! »

Au fil des années, vaches, moutons, chèvres avaient presque disparu du paysage, mis à part deux éleveurs de moutons, les paysans avaient pris la retraite ou s'étaient reconvertis en ouvriers, fonctionnaires d'EDF ou du public. Auzat devint une curiosité, un village de montagne, à 740 mètres d'altitude, sans animaux, poussiéreux, bruyant avec un bruit de fond permanent et intense près de l'usine à 90 décibels [34] !

1970 – Le paternalisme flamboyant de Péchiney

Trois villages, donc se trouvaient en un seul lieu Auzat, avec des barrières non visibles, mais réelles : Auzat avec les Auzatois du bourg ancien où habitent mes grands-parents, la Cité Péchiney avec ses

---

[33] Péchiney a installé une usine de fabrication et transformation de l'aluminium en 1929 à Tarascon, les dégâts humains et environnementaux sont parallèles à ceux causés par l'usine de Auzat.
[34] Mesure du niveau sonore, qui va de 0 à 140 décibels (db). Les valeurs limites d'exposition permanente « acceptables », ne doivent pas dépasser 45 db de 22 h à 7 h – Péchiney Auzat fonctionnait en 3/8, jour et nuit. http : //www.bruit.fr/tout-sur-les-bruits/installations-industrielles-classees/reglementation/la-reglementation-relative-aux-bruits-emis-par-les-installations-classees.html.

ouvriers en majorité immigrés, et la cité des cadres de l'usine, jolies villas bien entretenues, sur le versant ensoleillé.

Deux fêtes pour ces trois entités : à Auzat la fête de village a lieu fin juillet, et Cité Péchiney la fête annuelle se déroule début juillet. Enfant, je ne comprenais pas pourquoi les Auzatois « de souche » n'envoyaient pas volontiers leurs enfants à la fête de la Cité, puisque ma grand-mère m'y emmenait avec mon frère Jean, dans les années 50, lorsque nous étions sous sa garde en vacances, d'autant que cette fête était bien plus fournie en manèges que la fête d'Auzat grâce à Péchiney.

Une seule école rassemblait les enfants de ces trois lieux, ce qui a facilité l'intégration des nouveaux arrivants, la cohésion de tous les enfants qui ont grandi ensemble sans discrimination, sans souci d'appartenance, de religion, ou d'absence de religion. Dans la logique, ont eu lieu plus tard, des mariages « mixtes », de filles et fils d'immigrés avec des montagnardes et montagnards du haut Vicdessos.

Les ouvriers, Algériens, Arméniens, Espagnols, Italiens, Marocains, Portugais, Russes, Turcs et Ariégeois (qui parlent le patois occitan), restent fidèles à leur langue maternelle, se comprennent et communiquent à l'usine, par gestes et dans un mélange de toutes les langues, s'apparentant à l'espéranto[35].

À la maison, les parents restent fidèles à leur langue maternelle, patois occitan ou langues multiculturelles. Leurs enfants, qui vont tous à l'unique école de la République, causent en français.

Anna née au Portugal, arrivée à l'âge de trois ans à Auzat, précédée de son père venu trouver du travail seul en éclaireur, dans les plâtrières de Tarascon sur Ariège, puis à l'usine d'Auzat :

« Ma mère parlait en portugais à la maison, je lui répondais en français et posais mes questions en français. Mes copains Auzatois de souche avaient les mêmes difficultés que moi en classe, car les parents causaient en patois. Quand on y pense, les instituteurs de l'époque avaient dû mettre au point des techniques sensationnelles et "maison"

---

[35] Espéranto-France – 4 bis rue de la cerisaie, 75004 Paris – www.esperanto-France.org

pour arriver à inculquer les bases solides de la langue française à un éventail d'enfants parlant six ou sept langues différentes, et de plus avec des classes à double niveau ! Et ils ont réussi à nous mener sur le chemin d'études supérieures, sans formation FLE[36], ni évaluation ni contrôle, avec leur seul enthousiasme, leur rigueur, leur humanité bienveillante, attentive, mais ferme et rigoureuse. »

Colonies de vacances, bibliothèque, clubs de sport : football, pétanque, ski... les enfants de Péchiney étaient choyés, leurs parents aussi qui bénéficiaient de voyages annuels à l'océan, Bayonne, Castillon Tarnos, Lourdes, en Camargue... La première remontée « fil à ski » avait été installée par Jacques Houy, syndicaliste CGT de l'usine, à Goulier, village qui surplombe Auzat.

Péchiney veillait sur les familles

« Ma grand-mère s'est retrouvée veuve à 40 ans avec 5 enfants sur les bras. La direction l'a embauchée tout de suite pour faire du ménage, jusqu'à ce que le fils aîné soit assez âgé pour être embauché à son tour comme ouvrier en lieu et place du père qui était mort de cancer à 46 ans », me confie Monique, petite fille d'ouvriers venus d'Italie, qui travaillaient à l'usine Péchiney de Tarascon.

Monique a retrouvé des échanges de courriers de la direction de Péchiney (voir annexes), qui remerciait son grand-père pour la qualité de son travail, à son arrivée en France et lui demandait de contacter des jeunes de son village afin de les encourager à venir en France le rejoindre et travailler à l'usine.

Autres temps, autres mœurs, la main-d'œuvre venue de l'étranger était recherchée et appréciée. Le travail était possible immédiatement, quant à la naturalisation, l'obtention des « papiers », c'était beaucoup plus long et les ouvriers venus d'ailleurs subissaient nombre de pressions des élus locaux, style, « tu as intérêt à voter pour ma liste ». Une injonction tellement assénée, que bien des années après, les

---

[36] Français Langues Etrangères, formation de bénévoles et salariés de l'alphabétisation pour aider les « sans papiers » à apprendre le français.

veuves se sentaient dans l'obligation de voter pour ces élus « en souvenir du service rendu ».

Grâce à cette possibilité de trouver un emploi, même « sans papiers », les ouvriers pouvaient nourrir leur famille chichement peut-être, mais dignement, ce qui évitait le travail non déclaré, sous-payé. Énorme différence avec le contexte des années qui ont suivi l'interdiction de travailler « sans papiers » depuis les années 1980 et qui met en précarité nombre de familles en attente du sésame « autorisation de travail », favorise le travail sous-payé et l'exploitation d'une main-d'œuvre qui n'a pas le choix de vivre dignement, sauf si elle est aidée par des bénévoles au sein des associations caritatives, comme Cent pour un Toit Ariège, comme on le verra plus loin.

Le Dispensaire médical offrait des soins gratuits pour les ouvriers et leur famille. Ce dispensaire était ouvert aux Auzatois « non Péchiney », satisfaits de faire suivre leurs nourrissons. Déjà dans ces années 70, l'Ariège était sous dotée en médecins, notamment pédiatres.

D'autres usines, disposaient même de maternités « Péchiney » : Satin, dont les ascendants sont Arméniens et italiens :

« Je suis née à la maternité Péchiney de Largentière.[37] Nous sommes venus sur Vicdessos ensuite, puis dans une maison Péchiney lorsque mon père a été muté sur Auzat. »

Pour Marie Christine et son frère José, les souvenirs de vacances surgissent en 2014.

Jose : *pour nous, c'était une chance inespérée de partir en colonie. Notre mère pleurait de nous voir partir et envoyait des lettres écrites par une voisine pour nous raconter qu'elle s'ennuyait.*

Marie-Christine : *Je passais la première semaine à pleurer ma mère, ensuite la deuxième à m'habituer et la troisième à pleurer à l'idée de partir bientôt.*

---

[37] L'usine de Largentière La Bessée, Hautes-Alpes, fermée en 1987 et qui a laissé un crassier de 60 000 m3 au bord, la Durance, contaminée par les fluorures.

Jose : *Plus tard, quand mon fils est parti pour la première fois en colonie, j'ai dit à ma femme, on évite de lui écrire pour qu'il ne soit pas triste ! Au bout de huit jours, le directeur de la colonie m'a téléphoné, notre petit Frédéric était le seul à pleurer, car le seul à ne pas recevoir de courrier !*

Marie-Christine : *la colonie, c'était un changement complet des habitudes, y compris des habits, car Péchiney fournissait le temps du séjour, une tenue complète aux filles et aux garçons pour les vacances l'été, pour le ski l'hiver. Grâce à Péchiney, j'ai eu accès à une bibliothèque de qualité, et j'ai bénéficié comme les autres enfants d'ouvriers immigrés, de l'ascenseur social, je ne serai jamais arrivée jusqu'à la licence d'Histoire sans Péchiney, fille d'émigrés portugais qui ne savaient pas écrire et tout juste lire. Péchiney nous a permis une intégration rapide, et l'accès à l'ascenseur social pour une deuxième génération qui s'est intégrée facilement pour travailler ensuite à l'usine ou à l'EDF, dans l'enseignement, la politique, dans des tâches d'encadrement, de spécialisation.*

Les ouvriers venus d'ailleurs (Algérie, Arménie, Espagne, Italie, Maroc, Portugal, Russie, Turquie…), logés dans la « cité Péchiney », quatre appartements par maison, au bord de la rivière et aux confins de l'usine, payaient loyer, chauffage et électricité à tarif réduit.

Emile, un ancien cadre confirme les avantages des cadres sur le versant ensoleillé : « pour nous, les cadres, le loyer, l'éclairage et le chauffage étaient gratuits. Un jardinier était fourni par Péchiney, peut-être pour attirer les candidatures de cadres et ingénieurs sur Auzat ».

Les paysans devenus ouvriers habitaient Auzat et environs, et continuaient élevage et agriculture en parallèle.

Une sacrée camaraderie dans l'usine

Dans les usines Péchiney, Auzat ou Tarascon, les primes de rendement et punitions, surnommées « bricole », mot utilisé par extension, étaient distribuées pour mieux diviser les ouvriers dans l'esprit de la direction, mais sans résultat sur le terrain.

Le poste « bricole » consistait à faire de l'entretien dans l'usine, poste adapté pour ceux qui n'avaient pas assez de force pour piquer les cuves. Ils ne bénéficiaient pas de primes de rendement, et travaillaient de 8 à 17 heures, ce qui les excluait des « trois huit[38] ». Pierrot un fils d'ouvrier : « je me souviens être rentré près des cuves, et voir les ouvriers, cigarette au bec, piquer les cuves, dans une fumée noire qui s'élevait tout autour ».

Robert me confie : « Les primes étaient attribuées par équipes, ce qui entraînait une sous-déclaration des accidents du travail, car chaque déclaration faisait tomber la prime de fin de mois pour toute l'équipe. »

Paysan têtu et fier de ses capacités face à la direction

Les paysans locaux avaient été embauchés dès les années 20 à Auzat et dans les années 1940, à Auzat, Tarascon et Mercus pendant les trois mois d'hiver où la neige empêchait le travail de la terre. Ces

---

[38] 3/8, travail « posté », organisation du travail en continu sur 24 heures, par roulement de 8 heures, les équipes « tournant » chaque semaine, travail reconnu dangereux pour le rythme nycthéméral et pour la santé (cf. http://www.inrs.fr/risques/travail-de-nuit-et-travail-poste/ce-qu-il-faut-retenir.html).

paysans avaient la tête dure et aussi beaucoup d'humour, d'espièglerie.

Ainsi Michel raconte son passage sur Péchiney Tarascon : *on avait une sacrée camaraderie dans l'usine, on se serrait les coudes, on s'entraidait, et on rigolait bien aussi, inconscients et non informés des dangers qui nous entouraient. Lorsqu'on faisait les cons au travail, les punitions pleuvaient. La bricole, c'était une forme de punition, pendant notre jour de repos, de 8 à 17 heures, faire le jardin des ingénieurs, vider, nettoyer leur cave, ou réparer leur belle villa.*

Un jour, Nino, un collègue paysan – ouvrier, qui disposait d'un stock inépuisable de reparties joviales, a été puni injustement. Il savait régler les rampes de gaz, travail délicat qu'il maîtrisait parfaitement. Un « col blanc » bac plus quinze, ingénieur qu'on appelait le cow-boy, mâchant un sempiternel chewing-gum, toujours impeccable dans un costard chic, ajusté à son corps de post adolescent, venait trafiquer et dérégler ces rampes. Cela nécessitait des heures de travail pour réparer après son passage. Nino règle les rampes avant son passage, prend les clefs, ferme les rampes et se met à balayer le sol « l'air de rien, très concentré ». L'ingénieur arrive avec le contre maître, pour vérifier et cherche les clefs... Niño continuait de balayer comme s'il n'entendait pas ; cela a duré un moment, puis il leur dit, lentement, calmement : « ne cherchez pas, les clefs sont dans mes poches et je vous interdis d'y toucher, vous déréglez tout ! », « puisque vous êtes impertinent, vous irez à la bricole » et Nino de répondre encore plus lentement, en traînant sur les mots, tout en attrapant son sac, « mais il est 17 heures, puisque je vais à la bricole, je pars à la douche, la journée de bricole s'arrête à 17 heures ».

Une autre fois, le contre maître envoie Nino à la bricole chez un ingénieur pour faire le jardin. C'est la femme de l'ingénieur qui donne des ordres de manière impérieuse :

— *Vous allez me planter des poireaux et des échalotes !*

— *Oui, madame,* avec son accent traînant, à couper au couteau, *je vais vous planter des poireaux et des échalotes bien alignés !*

Et de planter poireaux et échalotes bien alignés, au cordeau, mais racine en haut !

Qu'est-ce qu'on a pu en rire de cette blague, pendant des mois, entre nous, et j'en ris encore !

« Péchiney alimentait une coopérative d'achats de produits de première nécessité, moins chers que dans les commerces qui étaient très utilisés par les familles d'ouvriers, et leurs amis du bourg ancien, dont mes parents qui venaient faire leurs courses, un cinéma, une cantine ouverte à tous les habitants », se rappelle Jean Paul, ami de José.

Tous ces lieux de vie sociale facilitaient rencontres, échanges, enrichissement, partage de cultures des ouvriers venus d'ailleurs avec les Auzatois de souche pour concourir à l'intégration de tous les citoyens et à la mixité, qui étaient établies, de fait, sans discrimination.

Gabriel parle des cadeaux Péchiney, à l'occasion des mariages : « les ouvriers étaient encouragés à se marier. Cela rassurait la direction, qui calculait, à tort, que les ouvriers passeraient moins de temps à contester et se syndiquer. Ainsi était fournie une batterie complète d'ustensiles de cuisine en aluminium bien sûr, aux nouveaux mariés, un cadeau et une prime à chaque naissance. »

Manuel Duran, le cousin, Manuel de Araujo, un ouvrier syndicaliste après ou avant leurs huit heures de travail à l'usine, font une deuxième journée de jardinier, pour leur famille et pour des auzatois fatigués et vieillis comme ma grand-mère.

Mariano Hijar, un syndicaliste qui a épousé Suzon, une cousine de mon grand-père, me parle des douleurs non reconnues, des plaintes non entendues, des conditions de travail en trois-huit qui ruinent le sommeil des ouvriers.

Je découvre en les écoutant, leurs conditions de travail, les trois-huit, la chaleur intense, leurs difficultés pour faire reconnaître les dangers et risques dus au métier, et les difficultés de reconnaissance des maladies professionnelles[39].

---

[39] Les tableaux de maladies professionnelles sont le résultat d'une négociation sociale sur la base de rapports scientifiques. Ils existent depuis la loi du 25 octobre 1919. Les

« Les moutons, les vaches, les arbres meurent »[40]

Enfin, je voudrais aborder à ce congrès le problème de l'écologie, des conditions de travail et de la pollution.

À l'Argentière en 1976, 1000 moutons abattus atteints de cachexie par le fluor. La même année, les paysans de Lannemezan bloquent les portes de l'usine. Le problème est de taille : si les moutons, les vaches sont atteints, si les arbres meurent, qu'en est-il pour l'homme ?

Les fluorures se combinent avec le calcium des os, des excroissances, une calcification des ligaments, cela entraîne une sorte d'arthrose ? D'autre part, 1 % des ouvriers exposés aux fumées de goudron contractent le cancer ? Une enquête de l'INRS de Nancy, aux usines de Lannemezan et Noguères, précisait qu'un ouvrier cuviste avalait, en 8 heures, l'équivalent de 1000 cigarettes en goudron. Bien sûr, ces enquêtes, les élus des travailleurs n'y ont pas accès.

Enfin, une autre MP, la bronchite de l'aluminium ou maladie du creuset, reconnue par le médecin-chef de Péchiney, n'est toujours pas reconnue par la société. Les maladies professionnelles, si les syndicats n'en font pas leur affaire, ne seront jamais reconnues.

À quoi sert de revendiquer l'abaissement de l'âge de la retraite si nos camarades sont invalides ou décédés et ne peuvent en profiter ?

---

premiers tableaux concernaient l'exposition au mercure et au plomb. Voir exemples en annexes.
[40] Contribution de la section syndicale d'Auzat, Aluminium-Péchiney au congrès de la fédération chimie de la CGT en 1978. La voix des industries chimiques, 272, septembre 1978 (texte écrit et lu par les représentants de la section CGT Auzat, Mariano Hijar et Jacques Houy).

Une soif de liberté et d'indépendance

Les œillères gardées tout au long de ma jeunesse en Ariège, et mon admiration pour le paternalisme de Péchincy, étaient tombées grâce aux discussions avec ma grand-mère, avec les ouvriers, paysans et leurs démonstrations véhémentes « sur le terrain » d'Auzat.

Les enseignements des professeurs de grec, latin, anglais, mathématiques, histoire (les seuls qui ont su me captiver) au lycée de Saint-Girons, du libraire Gaston Massat, avaient conforté ma soif de lire, d'apprendre à réfléchir, regarder, écouter et réfuter toute certitude énoncée de manière péremptoire.

Je réalisais la chance dont j'avais bénéficié avec l'ascenseur social de l'école de la République, je m'engageais, sans rien y connaître, sur la voie du militantisme, avec le désir de partager mes connaissances et mes privilèges.

Ayant maintenu l'étude des mathématiques, chimie et physique à côté des lettres, du grec et du latin, cela me valait d'être seule fille avec deux garçons au lycée, à l'heure du baccalauréat, en section A prime, ne sachant pas quelle voie choisir.

J'avais décidé de longue date, depuis mon admiration de petite fille pour les femmes, mères de famille qui avaient aussi un métier : « je ne ferai pas comme ma mère qui a travaillé dur, mais dans les murs de sa maison, et toujours regretté de n'avoir pas été salariée. Je serai indépendante financièrement, libre de mes choix, aurai un compagnon, pour la vie ou pas, des enfants, ou pas, à la condition d'être en mesure de les élever seule si nécessaire ».

Je serai bien partie à l'école de Chartres pour rester dans le domaine de la lecture, mais pour les parents, pas question de m'éloigner autant, loin du giron familial. Toulouse, c'était la distance maximum possible (la majorité était encore à 21 ans). Les études de médecine ont été choisies par défaut, après élimination des métiers où je perdrai mon désir de liberté.

Je partis donc à Toulouse pour le PCEM[41], première année de médecine, contente de trouver la liberté loin de la gendarmerie, de la surveillance paternelle renforcée par celle de ses collègues.

Ma mère, aussi prudente et inquiète probablement, que son époux, m'avait trouvé une chambre peu onéreuse, chez la mère du professeur d'histoire de terminale (humaniste et progressiste, différent du professeur sectaire de quatrième), dans la cité Empalot, loin de la Faculté de médecine. Pour aller en cours près du Grand Rond, allées Jules Guesde, je marchais une bonne demi-heure à pied matin et soir, par économie, mais aussi par crainte de me perdre avec les autobus dont je ne maîtrisais pas le mode d'emploi, n'étant jamais partie de mon Ariège natale.

Liberté relative, car je disposais d'une chambre et du droit de petit déjeuner en utilisant mes seules fournitures, sans pouvoir recevoir quiconque, même une copine, voire ma cousine.

Au bout d'un mois, j'ai cherché pour le même prix une chambre près du Grand Rond et du Jardin des Plantes (enfin un peu de verdure, ce qui me réconfortait !) rue de Fleurance, et trouvé une chambre toujours chez une habitante, dans une maison ancienne non chauffée, mais la propriétaire étant toujours absente, cela me donnait la liberté d'aller et venir. Le seul bémol, chauffage avec un poêle, qu'il fallait allumer, alimenter en bois ou charbon, tâche compliquée pour une fille qui n'avait pas été initiée aux tâches ménagères. Je me passais du poêle la plupart du temps, entassant pulls et manteau sur mon lit, et me rendais à la bibliothèque ou chez des voisins étudiants en colocation, mieux lotis, qui disposaient de tout le confort dans un appartement moderne.

La première année de médecine, première frustration de carrière, ne donnait aucun accès à l'hôpital, seulement l'accès à la morgue et aux dissections de cadavres, avec en parallèle chimie, physique, mathématiques, biologie, embryologie, sans aucune formation aux « humanités ».

---

[41] PCEM (premier cycle d'études médicales, appellation supprimée en 2010, avec numerus clausus : places limitées, concept enfin supprimé en... 2019).

Je trouvai une compensation en novembre en participant à la préparation du Noël des hôpitaux via la quête en blouse blanche dans les rues en décembre. La petite montagnarde découvrait alors la différence de classe dans la rue : la grand-mère avec son cabas, pauvrement vêtue s'arrêtait, ouvrait son porte-monnaie, et nous donnait une pièce agrémentée d'une parole encourageante et d'un bon sourire. La belle bourgeoise bien fardée soit passait en nous ignorant superbement, soit donnait une toute petite pièce sans même nous regarder dans les yeux ; quant aux messieurs bien habillés, ils passaient le plus souvent en nous ignorant. La visite des salles communes (30 à 50 lits par salles) de l'hôpital La Grave ensuite pour emmener les cadeaux aux « indigents » a été une autre découverte des conditions d'inconfort et de détresse, dans les grandes salles communes de 50 lits que nous découvrions.

De cette première année (je n'ai apprécié que l'embryologie[42], les expériences de chimie et la découverte des globules rouges et blancs au microscope), je garde le souvenir d'une ville de rêve, avec la découverte de Toulouse, des avenues que je trouvais immenses (par comparaison avec celles de Saint-Girons !), des cinémas et cafés, des marchés (parcourus de long en large pour acheter deux poires, un bout de fromage), de la cantine chiche (où nous volions des fruits, du pain) des soirées avec les copains et copines.

En février, brutalement, un mois d'interruption et retour au bercail pour soigner une mononucléose infectieuse[43] avec retard de diagnostic du jeune médecin qui venait tous les deux jours et nous disait, « je ne

---

[42] Étude du développement de l'œuf humain fécondé jusqu'à sa forme définitive, fin du deuxième mois de grossesse.
[43] Le plus souvent bénigne, la mononucléose infectieuse est une maladie virale provoquée par le virus d'Epstein-Barr, découvert en 1964 par A. Epstein. Ce virus appartient à la même famille que les virus de l'herpès.
Elle s'accompagne de fièvre, angine, céphalées, douleurs musculaires multiples, et grande fatigue qui peuvent durer plusieurs semaines. Elle guérit habituellement sans séquelles et sans autre traitement que le repos, en évitant alcool et médicaments qui pourraient être délétères pour le foie. Décrite pour la première fois chez des soldats américains ayant fait une escale dans une île et contracté le virus sans autre contact que des baisers avec les îliennes, en on l'a surnommée « maladie du baiser ».

comprends pas ces symptômes, je vais demander avis à mon beau-frère dentiste », puis redoublement à la clef en fin de parcours. La raison était bien vite trouvée : la maladie et la fatigue qui s'en suivit m'avaient gênée dans mes apprentissages, cela m'arrangeait bien pour éviter de mettre l'accent sur la préparation dilettante du concours. Je revois encore le chagrin de mon père, déçu par cet échec.

L'année suivante, je repris mes études avec plus d'assiduité, en suivant les conseils donnés dès mon baccalauréat, bien vite occultés précédemment, par mon professeur d'anglais du lycée, Odile Mangel dont j'avais gardé contact, et me mis à étudier régulièrement, assister à tous les cours, faire des fiches, les revoir et j'obtins le sésame du PCEM.

En 1967, je perdis à nouveau ma liberté, car mon père, arrivé à l'âge de la retraite, est arrivé avec toute sa smala dans un appartement loué rue Achille Viadieu. Confort inégalé, terminée la corvée de bois, chauffage central, salle de bains et WC séparés, ma mère était enchantée, et nous également. Revers de la médaille, je retombais sous le contrôle des parents. J'ai dû tricher pour m'évader du carcan familial sous prétexte de cours, de fréquentation de la bibliothèque pour poursuivre mes études entremêlées de sorties et balades avec les copains copines.

En 1968, ma technique, mise au point pour rejoindre les étudiants, m'a permis de participer très modestement, aux manifestations de mai 68, avec les AG dans les amphithéâtres.

Nous n'étions ni délogés, ni gazés, ni mutilés par les policiers comme l'ont été les gilets jaunes, les syndicats, les journalistes, les street médic, dans la France depuis fin 2018. Simplement poursuivis dans les rues par les policiers qui jamais ne rentraient dans les églises, les hôpitaux ou dans les cours d'hôtels particuliers (ouvertes à cette époque), où nous pouvions nous replier en cas de poursuites ou de danger.

Les années d'études suivantes, seraient beaucoup plus aisées avec moins de mathématiques, physique, chimie et enfin des matières médicales, ainsi que les stages en hôpital et le contact avec les « malades ».

Fin 1969, je quittai la Faculté de Médecine de Toulouse, pour suivre mes parents qui s'installaient à Villejuif dans la maison que les grands-parents maternels, « émigrés à Paris », venus du haut Vicdessos, avaient construite dans les années 20, une fois André rescapé des tranchées de 1914, gardant en prime une difficulté d'audition.

Le parcours de mes grands-parents maternels a renforcé mon désir de trouver un métier avec liberté d'action et indépendance, ce que j'ai eu la chance et le privilège de réaliser, au final.

André et Marie, paysans du haut Vicdessos, immigrés parisiens

Pépé et Mémé, nés à Hourré (Marie) et Saleix (André), s'étaient enfuis d'Auzat où ils s'étaient rencontrés « sur le pont » et mariés en 1907, pour « faire leur vie » à Paris.

André avait rejoint ses sœurs Adeline et Euphrasie, déjà installées à Paris, fin 1890, comme bonnes à tout faire, après le décès de leur père et mère, la vente de tous leurs maigres biens, une maison et une grange sur Auzat, « pour payer les frais engagés auprès du médecin, et les dettes auprès des épiciers ».

Ces pauvres biens seront rachetés 40 ans plus tard par les trois enfants, installés chacun dans une maison sur Auzat.

Tout d'abord placé dans une ferme, près de Béziers à l'âge de 11 ans, illettré, André fut traité très durement ce qui avait motivé son désir de s'évader et rejoindre au plus tôt ses sœurs pour apprendre à écrire, lire, compter. Il y parvint à plus de 18 ans avec les cours du soir pour adultes, à Paris. Il démarra comme ouvrier tâcheron, la nuit en pelletant du charbon, le jour en recueillant dans les restaurants les eaux usées des vaisselles pour nourrir les cochons des entreprises « graissiers » de Villejuif. Ma grand-mère, Marie, conservera précieusement quelques cuillères en argent tombées dans ces eaux usées et récupérées par son homme.

En 1914, il partira à la guerre, laissant sa femme, leurs deux jeunes enfants Georgette et Jean dans leur appartement précaire, loué rue Nationale dans le treizième arrondissement.

Marie avait appris que son plus jeune frère Baptiste Denjean avait perdu la vie sur le front de Verdun. Une carte postale le représentant avec des conscrits pendant son service militaire avait été envoyée à Paris en 1913. Il écrivait au dos :

« Je suis en formation. J'ai obtenu une permission pour l'enterrement de grand-père. On m'a donné quatre jours et j'ai pu tuer le cochon. Si vous m'écrivez en me disant que je dois venir pour un baptême, je pourrai avoir une autre permission pour venir vous voir. Je vous embrasse. »

Marie qui aimait beaucoup son petit frère a gardé cette carte postale, et un tableau le représentant, sa vie durant, puis ma mère après elle.

Inquiète pour son mari « auquel elle tenait plus que tout », après cette triste nouvelle, ne sachant ni lire ni écrire, Marie a pris le train pour Arras, avec ses deux petits Jean et Georgette dans les bras, réussi à atteindre le front de guerre, obtenir une permission pour son André et passer deux nuits à l'hôtel avec lui, puis repartir rassérénée regagner son appartement humide, sombre, rue Nationale à Paris.

André est revenu sain et sauf en apparence, en 18, gardant des difficultés d'audition définitives, et se faisant serment de ne jamais rester fâché avec quiconque, promesse qu'il tiendra sa vie durant. Conteur émérite, il nous a raconté maintes légendes, maintes histoires du temps passé, mais jamais n'a évoqué ces années terribles passées dans les tranchées.

Parcourant tous les échelons de l'ascenseur social, il terminera sa carrière professionnelle à EDF avec une retraite équivalente à celle d'un ingénieur, conservant une belle écriture avec des pleins et déliés, et une mémoire phénoménale.

Tous deux achèteront un terrain avec une masure en mauvais état, à Villejuif, rue des Guipons et construiront une maison en pierre, économisant sou à sou, empruntant au boucher, à l'épicier pour monter les murs, avec l'aide de Marie :

« J'ai fait pendant trois ans le manœuvre du maçon de 1920 à 1923 », pendant qu'André continuait de travailler le jour (placier en vins) et la nuit aux Charbonnages de France devenus EDF.

Marie, après la mort prématurée de son père Baptiste Denjean Bermeil (à 45 ans en 1900), aînée de cinq enfants, trois filles et deux garçons (le petit dernier, Baptiste), était devenue à 14 ans « cheffe de famille ». Elle a dirigé pendant trois ans, à Hourré et dans les pâturages, le soin des animaux, des fenaisons, des jardins, de la confection des fromages, sa maman Jeanne Marie Denjean Malapeyrat (42 ans) assurant l'intendance de la maison et les soins aux plus jeunes enfants.

Elle est partie à pied, chaque année, à l'automne, vendre des moutons, marchant pendant trois jours via le port de Saleix, Aulus, Ercé, Seix, Saint-Girons, Saint Lizier, pour arriver à Saint-Gaudens,[44] armée d'un bon bâton, seule femme au milieu des bergers qui conduisaient chacun son troupeau, et n'auraient pas eu intérêt à l'embêter, ce qu'elle nous raconterait plus tard. Elle nous fera rêver toute notre enfance en nous parlant de ce trajet, nous promettant de nous emmener sur ce chemin, rêve que nous n'avons jamais réalisé.

À l'âge de 17 ans, elle avait dû laisser la place à son frère cadet Jean Baptiste qui avait atteint l'âge de 14 ans. Elle s'est « placée » comme bonne chez la famille Beck à Auzat, introduite et initiée au mode de vie des « énarques » par une payse d'Hourré, Françoise, qui elle, est restée sa vie durant dans cette maison, et plus tard intégrera le caveau familial des Beck, à Auzat, avec comme épitaphe « Françoise Bertrand 1867-1956, leur fidèle servante ».

Mémé me dirait plus tard : « Alors que je passais ma quatrième année à Auzat, j'ai rencontré André sur le pont d'Auzat, nos regards se sont aimantés et nous ne nous sommes plus quittés. Ton grand-père m'a demandée en mariage et m'a laissé trois jours de réflexion, je n'ai rien dit aux patrons, n'ai pas dormi pendant deux nuits, puis demandé

---

[44] Un trajet de 80 km à vol d'oiseau, 119 km en voiture.

conseil à Françoise et répondu oui. Les patrons ont compris, ont été très gentils et m'ont payé la robe et le repas de mariage le 29 octobre 1907, avant notre départ pour Paris, en diligence jusqu'à Toulouse, puis en train. »

De cette rencontre et de ce mariage éclair, je retiendrai la leçon répétée maintes fois par ma mémé : « ne sors jamais dans la rue sans t'être "apprêtée", on ne sait jamais, on peut ainsi rencontrer l'homme de sa vie ! »

Le temps avait passé, nous arrivions au début des années 70, j'avais choisi de devenir généraliste, faute à cette époque, de notes suffisantes pour réussir l'internat de médecine, voie royale vers les spécialités. Ayant peur de m'ennuyer dans mon travail, j'enchaînais les formations complémentaires, dans la crainte de ne pas pouvoir faire face à tous les imprévus qui traquent un généraliste.

Avec le désir de revenir en Ariège exercer la médecine générale, j'apprendrai l'orthopédie à Berck où j'étais « faisant fonction d'interne[45] », les accouchements dans une clinique parisienne, la psychiatrie lors de mes stages parisiens d'externe et de fonction d'interne, la médecine du travail en Faculté.

Sur la voie du militantisme

Mon souhait de compléter le mieux possible ma formation de généraliste, en dehors des voies classiques, s'est renforcé avec des rencontres exceptionnelles dans mes différents stages et emplois tout au long de mes études.

À partir de la troisième année de médecine, j'ai eu l'opportunité de travailler de nuit comme agent hospitalier, puis aide-soignante, et enfin infirmière, montant en grade sans passer d'examens autres que ceux de médecine.

---

[45] Poste d'interne en médecine, sans avoir réussi le concours, même fonction, mais moins bien payé – semblable aux postes de médecin des hôpitaux assurés en 2019 par des médecins ayant acquis leurs diplômes à l'étranger.

Employée dans le centre anti-cancéreux de Villejuif déjà réputé IGR (Institut Gustave Roussy), toujours de nuit, cela me permettait de payer mes études et d'aider ma famille. Là, j'ai fait connaissance de camarades désargentés comme moi, solidaires, pleins d'humour, d'humanité et de professionnels de santé extraordinaires.

Hortensia de Campos de Lima, infirmière à Lisbonne, avait émigré en France avec mari et deux enfants pour échapper aux géodes de Salazar. L'IGR l'a embauchée et payée comme aide-soignante de nuit. Je faisais équipe avec elle en tant qu'infirmière « titrée », alors qu'elle possédait diplôme portugais et surtout connaissances et pratique diligente du métier.

Hortensia, comme ses collègues de nuit, tacitement, patiemment, dans la bonne humeur, avec rigueur et sans laxisme ont complété la formation, comme infirmiers de nuit, de toute l'équipe de jeunes apprentis médecins. En parallèle, nous avions organisé une grève pour demander le droit de dormir deux heures par nuit de 12 heures (nous faisions 19 h/7 h) lorsque c'était possible, à tour de rôle, le collègue du binôme montant la garde. Et ce droit, nous l'avons exigé pour tout le personnel de nuit et obtenu avec succès.

Quand je repense à cette période, nous étions à l'époque suffisamment nombreux (équipes de deux, infirmière et aide-soignante, pour chaque service de 20 chambres maximum) et pouvions communiquer, nous entraider quand un binôme était débordé, échanger sur les cas complexes au cours des repas partagés, sur le coup de minuit, quand une pause était possible. Depuis 2020, avec la réduction drastique du personnel, ces échanges et moments de pause sont devenus inimaginables. Et pourtant ils sont indispensables et incontournables pour la bonne santé des patients et des soignants.

Nous avions également le temps nécessaire pour parler, rassurer une personne insomniaque, inquiète qui posait parfois des questions nous mettant mal à l'aise, mais nous étions à l'écoute, et devenions experts en reformulation, et c'était déjà beaucoup.

Grâce à Hortensia, nous avons vécu en direct la Révolution des œillets puis le départ de la famille pour rentrer au Portugal après le 25 avril 1974.

Ma formation s'est enrichie également de discussions, partage de connaissances, découvertes littéraires grâce à d'autres compagnonnages, internes, psychiatres contestataires à l'hôpital Paul Guiraud de Villejuif, Kinésithérapeute communiste à Berck (qui était en fauteuil roulant et m'a initiée de plus à la pratique du tir à l'arc pendant mon stage d'interne en chirurgie), puis, à l'hôpital Paul Brousse de Villejuif, Jean Luc Faessel, Médecin anesthésiste militant au PSU, Dominique Franco, Chirurgien spécialisé en gastro-entérologie.

Dominique Franco, connu comme chef de clinique, devenu Professeur, toujours humaniste, compétent, amical, sera mon correspondant privilégié, pendant toute ma carrière et encore après ma retraite.

Yvonne Houdard, – Koestler[46] pneumo- allergologue à Paul Brousse, femme d'action, féministe, exemplaire sur le plan médical, qui m'a fait confiance et « poussée » pour mon premier remplacement en ville dans son cabinet de L'Etang la Ville en Yvelines.

Je suis partie à la découverte d'auteurs dont on ne parlait pas dans les Facultés de médecine : Antonio Gramsci[47], Franco Basaglia[48], Michel Foucault[49], Henri Mondor[50] Yvan Illitch, mais aussi Aragon,

---

[46] Collaboratrice de Noëlle Loriot pour son roman « IRENE CURIE » presses de la Renaissance.
[47] Bordas, 1946, réédité par les Éditions Libertaires, en 2009, Antonio Gramsci, philosophe, écrivain et théoricien politique italien, d'origine albanaise. Membre fondateur du Parti communiste italien, il sera emprisonné par le régime mussolinien de 1927 à sa mort en 1937 – *Cahiers de prison,* Gallimard, coll. «Bibliothèque de philosophie», Paris, 1978-1992, 5 tomes.
[48] Franco Basaglia, psychiatre italien, critique de l'institution asilaire et fondateur du mouvement de la psychiatrie démocratique. Durant les années 1960, organisateur à Trieste et à Gorizia des communautés thérapeutiques qui défendent le droit des individus psychiatrisés – « qu'est-ce que la Psychiatrie », PUF, 1977.
[49] Michel Foucault, *Histoire de la folie à l'âge classique,* 1960.
[50] Henri Mondor, *Diagnostics urgents,* Masson 1937.

Le docteur Cabanès[51], Marx, Lénine, Mao, Primo Levi, Elena Bianciotti[52].

Et l'idée de mettre mes connaissances au service des moins nantis, germait, car je me sentais privilégiée, ayant bénéficié de l'ascenseur social pour réussir à exercer un métier qui me passionnait tout en prenant conscience de l'immense reste à charge et à faire pour améliorer tant mes connaissances à remettre à jour sans relâche, que la qualité des soins, le *sur mesure* pour chaque personne en souffrance.

Cherchant une voie pour militer, j'ai rencontré le GIS[53] grâce à une annonce dans Libération, qui donnait une adresse contact à Villejuif.

Habitant cette ville, travaillant de nuit comme infirmière, de jour comme externe en chirurgie à l'IGR, je me rendis à l'adresse, pour découvrir que le « contact » de ce groupe était Jean Yves Petit, chirurgien de l'IGR, spécialiste du sein, qui le matin m'apprenait à faire des sutures correctes pendant mon stage d'externe en petite chirurgie.

J'ai donc fait plus ample connaissance avec Jean Yves et Katia Petit, Jean Luc Faessel[54], Jean Carpentier[55], Robert Zitoun, Stanislas Tomkievicz[56]... démarré une carrière parallèle à mes études, de militante, rejoignant au GIS des professionnels de santé, enseignants, avocats, précurseurs des lanceurs d'alerte, pour aider les mineurs de charbon du nord, les ouvriers des ardoisières de Trélazé, ceux de l'usine Ferrodo exposés à l'amiante, les ouvriers du nucléaire de

---

[51] Docteur Cabanès – Esculape chez les artistes – Librairie Le François – 1928.
[52] Enseignante, féministe italienne, *Dalla parte delle bambine* (du côté des petites filles), publié en 1973 et traduit en 1974 aux Éditions des Femmes.
[53] Groupe Information Santé (GIS), né en 1972 parallèle au Groupe d'information sur les prisons (GIP) et le Groupe information asiles (GIA).
[54] Faisait partie des trois cent trente médecins déclarant « qu'ils ont pratiqué, qu'ils pratiquent ou aident à pratiquer l'avortement » : manifeste « des médecins s'accusent en 1971 », en soutien au « manifeste des 343 femmes », paru dans le Nouvel Observateur.
[55] Médecin généraliste, animateur du journal Tankonalasanté, initiateur du Comité Action Santé, suspendu un an en 1971 pour avoir rédigé un tract « Apprenons à faire l'amour », décédé en 2014.
[56] Stanislas Tomkievicz, psychiatre et psychothérapeute d'enfants, décédé en 2003, auteur du livre incontournable sur la résilience, *l'Adolescence volée,* Hachette, 2002.

Saclay ou de La Hague dans leur recherche de prévention, et connaissance des maladies professionnelles.

Je devenais militante active dans la lutte pour arrêter la pénalisation de l'interruption de grossesse, l'hécatombe de femmes qui faisaient appel aux « faiseuses d'anges » et mouraient dans l'opprobre et la détresse.

Dans cette lutte, une autre femme de caractère, Geneviève Leroy, alias Poucette, petite fille des époux Beck d'Auzat, m'avait encouragée à prendre conscience, et lutter contre les sirènes réactionnaires de certains professeurs qui continuaient de sévir dans les facultés de médecine après mai 1968.

Elle, même soliste à l'Opéra de Paris après la Deuxième Guerre mondiale, s'était reconvertie dans l'orthophonie, les cours de chant et avec succès dans la rééducation des bègues, des enfants en difficulté, après des stages auprès de Françoise Dolto, à la Maison Verte[57], à Paris.

Combien de soirées j'ai passées auprès d'elle qui m'a initiée à tout ce qu'elle connaissait et partageait avec un enthousiasme communicatif. Cela allait de la médecine, aux expositions d'art (elle m'a présenté Léonor Fini [58] qui avait fait d'elle plusieurs dessins pendant sa période de soliste à l'Opéra de Paris), aux concerts de musique classique, à l'opéra, en passant par l'initiation aux codes sociaux des énarques et au whisky en guise d'apéritif. Toutes choses inconnues chez mes parents et que je découvrais. Et conseils donnés lors de rencontres avec des parvenus méprisants et hautains : « gardez la tête haute, soyez polie, mais pas aimable ».

En réponse à ma question : « Poucette, comment vous rendre tout ce que vous faites pour moi ? » elle m'a légué un principe de vie :

---

[57] Créée en 1979, par une équipe avec et autour de Françoise Dolto, la Maison Verte est un lieu d'accueil et d'écoute des tout-petits accompagnés de leurs parents ou de ceux qui s'en occupent habituellement, lieu de rencontre avec d'autres enfants, d'autres adultes, parents ou membres de l'équipe d'accueil.

[58] Léonord Fini, artiste, peintre surréaliste d'origine italienne, née en Argentine en 1908 à Buenos Aires et décédée à Paris en 1996

« vous rendrez à d'autres, vous avez toute votre vie pour cela devant vous ! »

En parallèle, grâce à Poucette, qui passait ses vacances sur Auzat, dans la belle maison des Bock avec son fils Guy j'avais fait la connaissance d'Yves et de leurs amis venus de tous les coins de France, mais aussi d'Angleterre, de Roumanie, d'Espagne, vivant de peu à Orus une bonne partie de l'année, animant le village, travaillant en intérim deux mois sur six pour la plupart, initiateurs des adeptes de la « vie en transition » des années 70 et des modes de vie des néoruraux.

Lors de mes séjours à Auzat, je montais tous les jours à Orus, où nous passions des soirées de rêve, musicales, dégustant les prestations de Guy Leroy, de Jean François Lopin, qui passaient d'un instrument à l'autre avec agilité pour le plaisir de l'assemblée. Je me promis alors d'initier mes enfants à la musique, le jour où je prendrai le temps d'avoir des enfants. Promesse que je tiendrai 10 ans plus tard.

Yves m'a « recommandée » à sa mère, sage-femme, fille d'ouvriers de Pamiers, Madeleine Cathala, alias Nounette. J'ai eu ainsi l'opportunité d'être accueillie et formée pour aider la mise au monde des bébés dans sa clinique rue Lafontaine à Paris.

J'arrivais à 13 heures pour prendre ma garde, et commençais par un bon repas servi dans la salle d'attente des patientes, transformée en salle à manger. À 14 heures commençait la consultation des femmes enceintes et des nourrissons, me formant au métier, mieux que dans les livres de médecine.

Après la visite des 10 chambres, vers 20 h, encore un repas délicieux avec azinat, mounjetado[59] confit, oreillettes, qui me rappelaient la cuisine de ma mémé, et me faisaient également découvrir les moules, les huîtres, les limandes et gambas. J'installais mon lit de camp étroit pour la nuit dans l'entrée de la clinique et répondais aux sonnettes et appels téléphoniques. La garde se terminait

---

[59] Cassoulet d'Ariège qui cuit lentement 5 à 6 heures, dont la base est le coco de Pamiers, le plus célèbre des haricots ariégeois.

au matin après le petit déjeuner, je partais alors pour mon stage d'externe ou d'interne à l'hôpital.

Nounette dormait sur place avec son époux, chambre numéro 9, et se levait en pleine nuit, enfilant une blouse blanche sur sa chemise de nuit, pour m'assister lorsqu'elle entendait comme moi les sonnettes, et qu'un accouchement se présentait.

Et combien j'ai appris de cette petite dame (en taille), mais grande humaniste, énergique, toujours souriante qui aimait partager et transmettre ses connaissances. J'apprenais la rigueur (ne rien oublier dans l'examen ou dans les questions à poser, mais aussi nettoyer et stériliser correctement les instruments), l'humanisme, l'empathie souriante, le respect des patientes, et j'étais payée de surcroît pour ma garde de nuit qui était moins fatigante que celle d'infirmière de nuit à l'IGR.

Plus tard, il ira de soi pour moi d'accepter le compagnonnage avec des étudiants en médecine dans mon cabinet de médecine libérale.

J'allais en parallèle, le vendredi à 17 h à Maisons-Alfort au « Planning familial » pour des réunions « information – action », de femmes en difficulté, leurs compagnons, et militants féministes, soignants ou non. La parole était libre, non jugeant, démocratique et égalitaire entre les « sachants » et les couples ou femmes isolées, en demande d'aide.

Nous faisions du « sur mesure », et pratiquions sur place, dans une complète et sereine illégalité, quelques interruptions, sans anesthésie, via la méthode Karman[60]. Les femmes étaient ensuite sous notre surveillance pendant quelques heures, le plus souvent dans un café voisin pour les remonter avec un chocolat chaud, un café.

Lorsque cela était possible, les femmes partaient pour la Hollande ou l'Angleterre, en autobus, accompagnées par deux bénévoles du planning familial ou du MLAC[61]. Elles étaient alors prises en charge

---

[60] Utilisation d'une sonde (dite sonde Karman) placée dans le col utérin, reliée à une pompe à vide ou une seringue.
[61] Le Mouvement pour la Liberté de l'Avortement et de la Contraception, association française loi de 1901 (1973 -1975) avec pour projet d'obtenir la légalisation de l'interruption volontaire de grossesse en France.

dans des conditions plus sécurisées, car les interruptions de grossesse étaient légalisées dans ces deux pays.

En 1973, nous diffusions le film « Histoires d'A »[62], interdit tout comme son affiche, qui racontait les difficultés des femmes et parlait d'interruption, mais aussi de contraception et de condition féminine. Là, nous avons vécu des moments complexes, en cachant la bobine du film, qui sortait du cinéma par une porte dérobée. Le reste des militants sortait, encadrant l'un d'entre nous qui portait ostensiblement un leurre, bobine vide, pour tromper l'attention des « fachos extrémistes » qui militaient contre la loi Veil en préparation, et nous attendaient à la sortie des projections.

Pendant cette période, le GIS a écrit collectivement « La Médecine désordonnée – D'une pratique de l'avortement à la lutte pour la santé » – édité par Solin en 1974, qui résumait les actions du GIS depuis 1972, et se donnait pour but : « de développer l'intolérance au système de santé en France dans son état actuel, de débloquer ou redresser l'information sur les problèmes de santé, de lutter contre la propagande trompeuse qui confond à dessein l'augmentation de la consommation de médicaments et l'amélioration des conditions de santé...

Il ne s'agit pas seulement de mieux informer, mais d'aider les gens à s'exprimer, à définir leurs besoins et à trouver leurs solutions. Ces solutions n'apparaîtront que dans la lutte contre l'exploitation actuelle dans le domaine de la santé. C'est cette lutte qui empêchera la confiscation du savoir par une classe, une profession, et qui remettra en cause ce savoir. »

La rédaction collective de cet écrit a reflété un passionnant débat d'idées et de synthèses d'actions pendant plusieurs semaines où nous nous réunissions, le dimanche, pour mise en musique de nos cogitations. J'étais à l'époque en stage à Berck où les femmes infirmières, médecins étaient logées dans un bâtiment dont l'accès était interdit aux hommes internes, infirmiers logés dans un âtre

---

[62] Histoires d'A, Marielle Issartel, Charles Belmont. Film tourné en 12 jours en avril-mai 1973, avec l'aide du GIS.

bâtiment. Le dimanche constituait un saut dans une autre planète et je ramenais à Berck le goût de la transgression des interdits, auprès des patientes, elles aussi séparées des patients dans des bâtiments différents, n'ayant pas accès aux moyens contraceptifs aussi facilement que nous les soignantes.

Les écrits du GIS restent toujours d'actualité en 2023, et peuvent renforcer le débat et les propositions des gilets jaunes sur l'historique des luttes en matière de conditions de travail et de santé :

– Luttes menées à Pennaroya en 1971 et 72, où les ouvriers ont débarqué avec un cahier de revendications précisant ce qu'ils voulaient dans le domaine de la santé, et obtenant une enquête sur les intoxications chroniques subies, confortées par des résultats d'analyses ;

– Grève de la faim des travailleurs immigrés de Ménilmontant en mai 1973 menée avec succès, en obtenant un suivi médical, soutenue par le collectif de médecins.

Après le 15 janvier 1975 et le vote de la loi Simone Veil sur l'interruption volontaire de grossesse, je rencontrai le Parti communiste révolutionnaire (PCR) au cours de manifestations de soutien et d'aide aux familles et mineurs de charbon victimes de la catastrophe de Liévin du 27 décembre 1974, où 42 mineurs ont trouvé la mort.

Mes échanges avec les ouvriers de Péchiney qui se poursuivaient lors de mes vacances me stimulaient pour parfaire mes connaissances en médecine du travail, et œuvrer dans ce domaine, en parallèle avec la médecine générale.

Des mineurs de Liévin aux mineurs de Rancié

Je m'étais engagée, avec le groupe GIS auprès des mineurs de charbon de Liévin pour les aider à faire reconnaître leurs droits et améliorer leurs conditions de travail, j'ai poursuivi cette aide avec le PCR[63].

---

[63] PCR : Parti communiste révolutionnaire, d'orientation maoïste, qui avait pris la suite du Parti communiste révolutionnaire marxiste-léniniste, le 3 décembre 1967.

Cet engagement dans un parti politique restera le seul de ma carrière de militante, j'ai rapidement (au bout de quatre, cinq ans tout de même…) réalisé que le centralisme dit démocratique ne me convenait pas.

Je me suis depuis interdit tout engagement, au fil de mes rencontres, échanges avec nombre de formations rencontrées depuis les années 70, bien pensantes en façade, en paroles, mais rigides, pyramidales et souvent dirigés de main de maître par des quasis-gourous, masculins, souvent misogynes décomplexés et assumés, imbus d'eux-mêmes et vissés sur leur poste de dirigeant.

Mais je ne regrette pas le passage en immersion des années 70, car j'ai aussi rencontré nombre de camarades intègres, pleins d'enthousiasme, idéalistes, humanistes et tolérants, qui le sont restés et que je garde encore comme amis, et ont obliqué vers Amnesty International, LDH, la CIMADE, le GISTI…

On verra plus loin, militer dans le réseau addictions santé mentale du 94 à partir de 2000, participer à la création et l'animation de l'Association Cent pour un toit Ariège depuis 2018, approuver les aspirations des gilets jaunes fin 2018, me conviendront tout à fait, car tous respectueux de la démocratie, de la pluralité des points des points de vue, des échanges respectueux des convictions plurielles, et du respect des droits humains.

J'avais travaillé à Berck dans le centre Hélio Marin de rééducation, comme interne en chirurgie et rééducation ce qui avait renforcé mes intentions de lutter contre les inégalités en santé, tant au niveau prévention que soins, en soignant des travailleurs accidentés sur les chantiers du Havre, des mineurs silicosés, des adolescents d'Afrique du Nord handicapés suite à la poliomyélite, faute d'avoir été vaccinés dans leur pays.

À l'occasion de ce passage à Berck, je finaliserai en 1975, ma thèse de médecine sur le sujet « Rééducation des fractures du col du fémur chez les hémiplégiques », thèse peu ambitieuse qui démontrait simplement après analyse de cas la prévalence de la rééducation précoce et de l'action conjointe « entourage – soignants motivés –

rééducation précoce et sur mesure » pour obtenir de bons résultats. N'ayant jamais assisté au déroulement d'une thèse de Médecine, ayant peu de confiance dans mon travail, j'ai failli ne pas me présenter à la soutenance (je travaillais déjà depuis deux ans comme médecin du travail et remplaçante de médecins, sans ce sésame). Je me suis présentée seule sans prévenir amis ou famille. Nous étions deux à présenter nos travaux à l'Hôpital Raymond Poincarré de Garches. Mon collègue était accompagné d'une foule de soutiens familiaux et amicaux, nous avons été admis, et invités à prêter le Serment d'Hippocrate conjointement, puis à boire le vin d'honneur offert par sa famille, et suis repartie, ébahie et contente, réalisant que la Thèse de Médecine était en fait une simple formalité.

Poursuivant une « carrière » de médecin du travail à l'Assistance publique de Paris (APHP) démarrée en 1973, j'ouvris un cabinet de médecine générale, en 1977, toujours militante au sein du PCR, et mettant au monde cette même année mon premier enfant Brigitte, puis 14 mois plus tard, ma deuxième fille Marinette.

À l'hôpital Paul Brousse de Villejuif, j'avais rencontré la CGT et organisé mon planning de Médecin du travail à ma guise, malgré l'opposition de certains membres du personnel. Le collègue dont je prenais la suite voyait les membres du personnel dans l'ordre alphabétique, sans distinguer les postes à risque. Déjà dans les années 70, le nombre de médecins du travail était insuffisant et j'ai choisi de convoquer en priorité les travailleurs exposés à des risques : ouvriers du bâtiment, de la buanderie, du nettoyage, laborantines exposées aux vapeurs de phénols de benzène, radio manipulateurs, personnels des urgences, des blocs opératoires. Et découvert en contrôlant les formules sanguines des laborantines du service Anatomopathologie, des anomalies qui m'ont fait enquêter plus précisément. Après des difficultés rencontrées et levées avec l'aide de la CGT, une visite sur site concluante a permis de découvrir l'usage quotidien de toluène et de benzène, de phénols, et l'absence de système d'aspiration sur table et dans les locaux comme la législation le prévoyait, d'où les anomalies sanguines des laborantines et médecins qui travaillaient sans protection dans un labo de surcroît vieillot et mal isolé.

Faire venir un inspecteur du travail dans l'enceinte de l'AP HP[64] relevait de contourner un veto absolu. L'AP HP, état dans l'état, organisait ses propres contrôles et interdisait toute intrusion de l'Inspection du Travail. Comment tourner cette difficulté ? Par chance, un des médecins travaillait à l'hôpital dépendant de l'APHP, et comme enseignante, Maîtresse de Conférences, à mi-temps, payée par la Faculté de Médecine.

À ce titre, j'ai pu obtenir le constat d'un Inspecteur du travail qui a prononcé la sentence : mise en arrêt complet du laboratoire en attendant sa mise en conformité.

Réunions de CHS (Comité Hygiène et Sécurité) exceptionnel et de CME (Commission Médicale d'Établissement) ont été programmées et préparées toujours avec les conseils de la CGT. Connaissant la position des chefs de service de chirurgie et de médecine, la parade en amont a été préparée en contactant les chefs de laboratoire d'anatomopathologie dans deux hôpitaux voisins, CHU Kremlin-Bicêtre et Institut Gustave Roussy, tous deux m'ont donné leur accord écrit pour prendre en charge l'étude des lames du laboratoire de Paul Brousse pendant la durée de reconstruction d'un laboratoire « aux normes ».

La réunion, houleuse, en présence du maire communiste de Villejuif Yves Cosnier, des syndicats CGT et CFDT, et de tous les chefs de service, m'a permis de présenter le dossier sulfureux : le constat de l'inspecteur du travail et les anomalies sanguines qui m'avaient entraînée à faire des arrêts de travail et déclarations de maladies professionnelles[65].

---

[64] AP HP Assistance Publique de Paris qui regroupe en 2022 : 38 hôpitaux et prend en charge 3 300 000 patients par an.
[65] Tableau N° 4 des maladies professionnelles.
Principales professions exposées et principales tâches concernées (septembre 2006).
Le risque d'exposition au benzène a été très important jusqu'aux mesures réglementaires limitant la concentration dans les solvants à 0,2 % en 1986 puis à 0,1 % en 1991.

J'ai pu répondre aux chefs de service qui mettaient en avant « la nécessité d'obtenir quand même les examens anatomopathologiques dans l'intérêt des patients » que la solution était trouvée et obtenue chez nos voisins, attestations fournies à l'appui de mes dires.

Le laboratoire a été fermé, et reconstruit dans de bonnes conditions, et le personnel affecté par ces protections défectueuses a repris le travail après mise au repos pour celles et ceux qui devaient attendre la normalisation de leurs résultats biologiques.

Quelques mois plus tard, j'ouvrirai mon cabinet de médecine libérale à mi-temps et mes premiers patients seront envoyés par les hospitaliers qui avaient eu connaissance de ces difficultés surmontées.

Nous avions créé, en façade du PCR clandestin (nous utilisions des pseudonymes pour communiquer), le journal du CLISACT (Comité de Lutte et d'Information sur la Santé et les Conditions de Travail), ce qui stimulait mes recherches et études sur les nuisances du travail sur la santé, le partage des connaissances et l'information des citoyens et usagers.

Là encore, le but était de partager les connaissances de scientifiques et de « sachants », au service du plus grand nombre pour que chaque citoyen du monde puisse prendre en main sa santé, mais aussi que chacun partage son expérience et son savoir ancestral.

Cela m'a donné l'opportunité de travailler à nouveau avec des syndicalistes (la CFDT était à l'époque en pointe dans l'information sur les dangers du nucléaire), et je participais avec Jean Claude

---

Actuellement, le risque est maîtrisé, mais encore présent dans quelques domaines d'activités :
– L'industrie pétrolière, chimique et pétrochimique, en particulier les opérations de production, transport et utilisation du benzène. Peuvent être cités le raffinage du pétrole, la fabrication de produits de base pour la synthèse organique, le transport, les manipulations des carburants (citerniste). Les mécaniciens et les garagistes peuvent être exposés au benzène (lavage des mains à l'essence, utilisation de chiffons souillés pour le nettoyage, réglage des moteurs dans un local fermé…),
– Les laboratoires (Comité Hygiène et Sécurité) de recherche et d'analyses ; utilisation comme réactif,
– L'industrie de la parfumerie où le benzène est utilisé de plus en plus rarement comme solvant d'extraction.

Zerbib[66] à des conférences sur le sujet, près des centrales des bords de Loire, du Rhône, ainsi qu'à la diffusion d'un livre toujours d'actualité « Le dossier électronucléaire[67] ».

Un autre chercheur, au CNRS, André Picot, toxicologue et chimiste déjà reconnu, nous aidait à rédiger des dossiers sur les produits toxiques manipulés dans les usines. Ces deux chercheurs poursuivaient en 2022 leur action d'information, Jean Claude dans l'étude des conséquences de Tchernobyl et Fukushima, André au sein de l'ATC[68], qui est un organisme indépendant d'expertise et de formation sur la toxicologie chimique.

Nous organisions des réunions de 400 personnes venues de toute la France sur le thème de la santé, et avons invité des « grandes pointures » de l'époque, Haroun Tazief et Alexandre Minkovski. Ce dernier, professeur de pédiatrie à Cochin « le Mandarin aux pieds nus »[69], nous avait reçus très gentiment, avait accepté de témoigner dans nos Assises, en disant : « J'ai plusieurs casquettes sur ma tête, et je les mets à disposition des moins nantis, invitez-moi tant que vous voulez. »

Aux Assises sur la Santé, il était venu présenter son film « Pour un nouveau-né sans risque[70] » qui dénonçait les sommes mises dans l'acharnement thérapeutique, et l'absence de crédits pour la prévention, déjà en 1976 !

---

[66] Jean-Claude Zerbib était ingénieur en radioprotection au Commissariat à l'énergie atomique (CEA), syndicaliste CFD, actuellement en retraite, il a participé à la rédaction d'un dossier sur Tchernobyl.
cf. son interview sur YouTube, Le nuage de Tchernobyl depuis le CEA https://www.youtube.com/
[67] Le dossier électronucléaire – Syndicat CFDT de l'Énergie atomique – coll Points – Jacob 1-1980.
[68] L'ATC (association de Toxicologie Chimie de Paris), http://www.atctoxicologie.fr diffuse des fiches techniques et organise des formations sur les produits toxiques.
[69] Surnom resté après la parution en 1975 du livre *Le mandarin aux pieds nus*, entretiens avec Auteurs : Alexandre Minkowski, Jean Lacouture – Édition Jean Lacouture.
[70] Alexandre Minkovski, *Pour un nouveau-né sans risque*. Paris, Ed. Stock, 1976.

C'est à cette période que je fis connaissance avec l'histoire de la Mine aux Mineurs de Rancié[71].

Le fait que ces mineurs aient reçu du Comte de Foix, le libre usage du minerai de fer, dès 1293, m'avait interpellée. J'ai commencé à rassembler des documents sur la santé de ces mineurs, en la comparant à celle des mineurs de charbon que j'avais connus à Liévin après la catastrophe et la fermeture de la mine.

Je rencontrai Gabrielle Ginabat et son époux Hubert, maire de Sem, enseignant retraité, petit fils de mineur[72]. Hubert me fera bien plus tard visiter les couloirs de la mine en compagnie de Jacques Gloriès, photographe à Vicdessos et fils de médecin de Péchiney Tarascon. Il me confiera le mémoire du Docteur Jolieu[73], qui m'éclairera sur les conditions de santé et de travail des mineurs et des paysans du haut Vicdessos au dix-neuvième siècle. Une compilation d'observations médicales et de solutions pragmatiques, simples pour réparer les corps abîmés des accidentés de la mine et de la vallée. Des fractures réduites sur place et immobilisées avec les moyens du bord, moyens toujours d'actualité au 21e siècle.

Hubert nous a quittés en 2019, et le musée de la Mine situé à la mairie de SEM, qu'il a fondé, porte son nom depuis le 18 janvier 2020. Une journée très appréciée des grands comme des petits, « démonstration du travail des mineurs et des forgerons », assurée par des bénévoles a lieu tous les étés à Sem depuis 2020.

Mes études sur le sujet reprises en 2014[74] me feront réaliser, sans être passéiste, que la condition de vie de mineur de Rancié, bien que

---

[71] Mine de fer du mont Rancié au-dessus de Sem 09220, qui a fonctionné depuis 2500 ans avant notre ère, jusqu'en 1930, avec des mineurs des villages voisins, Sem, Goulier et Olbier.
[72] Hubert Ginabat décédé en 2019, intarissable sur l'histoire de la mine, créateur du musée qui se visite au premier étage de la mairie de Sem (tél. pour rdv au 05 61 03 80 00).
[73] Mémoire sur cent fractures compliquées, guéries par le Dr Jolieu... : J.-B. Baillière (Paris). 1843.
[74] L'association « Rancié, il était une mine » m'avait demandé début 2014 de préparer une conférence sur le sujet « santé des mineurs de fer de Rancié au cours des siècles passés », conférence tenue en octobre 2014, à Auzat.

volé par les maîtres de forges qui achetaient le minerai au prix le plus bas possible, était préférable tant à celle des mineurs de fer, de Lorraine, que celle des ouvriers de l'aluminium.

Ces deux derniers n'avaient aucune liberté ni marge de manœuvre, ils travaillaient en trois-huit, contraints, exploités, sur un rythme et des cadences imposées.

Alors que les mineurs de fer de Rancié, qui vivaient aussi pauvrement, travaillaient eux, quand ils le souhaitaient, et avaient imposé 53 jours supplémentaires de repos correspondant aux jours des saints « qui ne leur étaient pas favorables », s'arrêtaient dès qu'il y avait eu un accident, et en somme ne travaillaient déjà au 19e siècle que 153 jours par an ! De plus, ces mineurs, très attachés à leurs « privilèges » se soutenaient dans l'adversité et avaient instauré des règles tacites pour une caisse de secours qui leur était propre. En cas d'accident, ou de décès du mineur, une aide (moitié du salaire journalier) était versée à la veuve et aux orphelins jusqu'à ce qu'ils atteignent l'âge de travailler. Et cela depuis le 14e siècle et jusqu'en 1830, où ce système d'entraide a été légalisé par les propriétaires de la mine, un siècle avant la Sécurité sociale !

Tout n'était pas idyllique, les conditions de vie des mineurs de Rancié étaient précaires. Propriétaires du minerai, vendu aux maîtres de forges, rois de la vallée de Vicdessaos, Auzat, ils obtenaient des prix dérisoires. Les mineurs avaient des ardoises chez l'épicier, dans les débits de boissons et leurs familles vivaient chichement. Les épiciers et tenanciers de bistrots n'avaient aucun scrupule pour les priver du lopin de terre qu'ils cultivaient, lorsque la dette ne pouvait être remboursée.

D'autres mines étaient en fonctionnement en Ariège, dans le Castillonais, avec des conditions de travail, déplorables, 12 heures de travail mal rémunéré, à 2500 m d'altitude et 1400 m de dénivelé pour accéder aux baraquements, cantine et dortoirs depuis Sentein : La mine de Bulard[75], mine de zinc et de plomb.

---

[75] Exploitée de 1900 à 1919 d'avril à octobre. La mine de la Mail de Bulard a été ouverte en 1901. Outre Bulard, et la mine du Bentaillou, étaient aussi exploitées côté

Les mineurs disaient qu'ils tombaient malades de chaud et froid. Trois sont morts sur la voie d'accès dangereuse à flanc d'une abrupte falaise, ce qui lui valut le surnom de mangeuse d'hommes.

Claude Tarrane[76]

Ce qu'on donne, ça fleurit, ce qu'on garde, ça pourrit

Ma grand-mère à 80 ans, en 1966, puis mon père à 58 ans le 16 avril 1971, avaient quitté ce monde, mais les valeurs d'humanisme, de partage, de rigueur et de doutes sur les valeurs transmises contre celles imposées dans une société déjà formatée, restaient dans mes acquis.

Marie m'avait donné le goût d'apprendre, de découvrir, d'être curieuse, mais aussi têtue et pugnace, vindicative si nécessaire, elle qui disait « la vieille ne voulait pas mourir, car elle apprenait tous les jours quelque chose ! », ou encore « ce qu'on donne ça fleurit, ce qu'on garde, ça pourrit ».

Ma mémé est morte prématurément sous mes yeux de fille de 18 ans, d'une erreur médicale. Elle était envoyée par le médecin de Saint-Girons, en ambulance couchée, avec l'oxygène, dans une clinique cardiologique de Toulouse, accompagnée de ma mère et moi. À l'arrivée, dans la chambre, allongée sur le brancard, elle attendait près du lit que l'infirmière vienne aider l'ambulancier au transfert. Celui-ci, pressé de repartir, lui pose la question : « vous pouvez vous

---

espagnol les mines du Fourcail et de Montoulieu. On y extrayait la blende (zinc) et la galène (plomb et argent). Étages entre 2500 et 2700 m, les six puits de la mine de la Mail de Bulard étaient les plus hauts d'Europe et ils fournissaient un minerai exceptionnellement riche, ce qui justifiait leur exploitation malgré les difficultés extrêmes. On y travaillait douze heures par jour de mai à octobre. Vu sa situation, c'était la mine de tous les dangers. Outre les risques propres au métier de la mine s'y rajoutaient ceux dus aux conditions de travail sur ce site vertigineux où il fallait affronter le froid, les tempêtes ou les avalanches. Les accidents y étaient si fréquents qu'on la surnommait la « mangeuse d'hommes ». Malgré cela, 3000 mineurs y ont travaillé jusqu'à sa fermeture en 1919.
[76] Claude Tarrane « la mine de Bulard » – édition d'Eylie 2011 – wwwleslibrairies.fr

asseoir ? » et ma mémé de s'asseoir aussitôt et de tomber en arrière, morte.

La double erreur médicale, du médecin qui suspectait une embolie pulmonaire et n'avait pas suffisamment informé l'équipe accompagnante, ni expliqué à sa fille et à l'ambulancier (?) l'interdiction de lever la patiente, et celle du brancardier pressé de repartir qui n'avait pas attendu l'arrivée de l'infirmière (manque de personnel déjà ?), a précipité le départ de ma grand-mère et m'a encouragée à « réfléchir avant d'agir », et donner moult conseils de prudence, de prévention, d'exemples, ultérieurement. Trop de conseils peut-être, car c'est un des défauts que je conserve encore, aggravé par l'exercice de la médecine.

Mon père, qui m'avait donné le goût du partage, de la solidarité (venu de sa condition d'immigrant italien fuyant la pauvreté ?), de la rigueur, du rire, et du calembour, n'avait pas apprécié au départ, mon désir de faire une carrière de médecin. « Ce sont tous des bandits, à Auzat, l'un d'eux a failli tuer ta mère à la naissance de ton frère Jean, en laissant en place le placenta pendant un mois. Les autres ceux de Saint-Girons sont bons pour faire la fête, sur Castillon, notamment, avec l'argent qu'ils nous volent, sans réussir à soigner correctement ! ». Réflexion issue de son vécu de gendarme à Castillon. Au sous-sol, du café central se trouvait une boîte de nuit qui accueillait médecins, énarques de Saint-Girons, y compris, parfois le médecin d'astreinte, qui se présentait, en cas d'urgence vitale, réquisitionné par les gendarmes, complètement ivre.

Papa ne m'a jamais parlé des conditions de fin de vie de sa maman Madeleine Tuninetti qu'il avait perdue à l'âge de trois ans en 1916. Madeleine, arrivée en Argentine avec son mari, avait mis au monde cinq enfants : l'aînée Madeleine en 1905, Pierre en 1907, Marie en 1911, Antoine le 13 février 1913 et le dernier Joseph était né en 1915, dans une estancia de la province de Cordoba en Argentine, à Villa Hindobre.

Mon père m'a peut-être transmis le désir de bien faire, de « ne pas voler l'argent que me donneraient les patients », et aussi la gêne que j'ai eue tout au long de ma carrière à me faire payer ?

Le grand-père paternel Piétro Becchio, né en 1878 dans les montagnes du Piémont italien, n'avait pas supporté de rester seul en Argentine avec cinq enfants dont l'avant-dernier était Antoine, à la mort de sa femme.

Exilé en Argentine depuis 1903, avec son frère Guiseppe, et Maria Tuninetti, sœur de Madeleine (les deux sœurs avaient épousé deux frères), mon grand-père a quitté la province de Cordoba en 1917, y laissant la famille de son frère qui s'agrandira jusqu'à 13 enfants et fera souche en Argentine.

Regagnant le Piémont italien, il n'avait plus trouvé sa place dans la ferme familiale, reprise par sa sœur aînée, il s'expatriera à nouveau, en France, s'étant entendu par courrier avec un fermier qui pouvait l'embaucher comme métayer.

Parti avec une malle contenant les maigres affaires familiales, et 5 enfants de 4 à 14 ans, il arrivera en train à Toulouse, sans parler le français et réalisera qu'il a fait une erreur d'aiguillage, étant attendu dans une ferme près de Marseille.

Entouré de ses enfants, devant la gare Matabiau, il prit sa tête dans ses mains et se mit à pleurer devant cette difficulté imprévue, car il n'avait sur lui que le billet de train pour toute la famille, et aucun argent suffisant pour repartir vers la bonne destination.

Un cavalier s'est approché de ce groupe original et a posé la question « que vous arrive-t-il ? ». Explication donnée en charabia italo-espagnol, une réponse magnifique arriva en retour : « je dispose d'une ferme près de Toulouse et peux vous la proposer en métayage ». Ce cavalier était un médecin qui dans notre imaginaire familial perdurera comme un sauveur.

Ainsi, Piétro Becchio, retrouva le sourire et l'énergie, en louant ses bras dans une métairie, Borde Grosse à Roquettes, élevant seul et rigoureusement, ses enfants.

Ne se remariant jamais, non plus. D'où le nom que je lui ai attribué de Patriarche. Un grand regret pour moi de ne l'avoir point connu en raison d'une brouille familiale que j'ai essayé de comprendre, sans succès, à ce jour, après le départ de mon père, malgré l'aide de ma mère et de ses souvenirs.

On peut remarquer qu'arrivé d'Italie, mon grand-père a tout de suite trouvé une métairie, dans laquelle il est resté jusqu'à sa mort, son fils Piétro prenant la relève.

Les cinq enfants, puis les petits enfants s'intégreront sans problèmes dans le sud-ouest où ils trouveront tous du travail.

Dans les années 1920, les travailleurs étrangers étaient acceptés, avec ou sans papiers et autorisés à travailler dès qu'un « patron » leur proposait du travail. Tout n'était pas facile pour autant, l'accent italo-espagnol était moqué par les habitants des villages, le salaire était à peine suffisant pour vivre. L'obtention des « papiers » était longue et dépendait aussi du bon vouloir des autorités locales, avec fortes pressions ensuite, des années durant, pour voter selon la couleur du maire, ou du député et en prime, service militaire à rallonges pour les étrangers.

Depuis les années 1980, et les lois de 1986[77], les possibilités d'accès au travail sont réduites et complexifiées pour les étrangers ne disposant pas de permis de séjour.

Et ce qui nous attend en cette année 2023, avec la discussion de la loi « immigration », nous fait à la fois espérer et craindre le résultat qui en sortira. 3500 médecins ont signé une pétition[78] contre la

---

[77] https://www.senat.fr/rap/1980-1981/i1980_1981_0380.pdf
– La loi n° 86-1025 du 9 septembre 1986 relative aux conditions d'entrée et de séjour des étrangers en France, dite « loi Pasqua » en référence au ministre de l'Intérieur alors en fonction, Charles Pasqua[1] ;
– La loi n° 93-1027 du 24 août 1993 [2], dite aussi « loi Pasqua », qui durcit encore les conditions d'entrée et de séjour des étrangers en France par rapport à la loi de 1986.
– La loi n° 97-396 du 24 avril 1997 portant diverses dispositions relatives à l'immigration, parfois dite « loi Debré » en référence au ministre de l'Intérieur en fonction Jean-Louis Debré[3].
[78] Déclaration de désobéissance médicale du 12 novembre 23
« Moi, médecin, déclare que je continuerai à soigner les patients sans papiers selon leurs besoins, conformément au Serment d'Hippocrate que j'ai prononcé. Je resterai

suppression de l'AME (Aide Médicale d'État) déjà votée honteusement par le Sénat.

En 2023, une telle arrivée d'un « exilé », avec des enfants de surcroît, ne permet de trouver ni un emploi ni un logis. Il est nécessaire de passer par les arcanes des lois Immigration[79] dissuasives qui n'autorisent pas le travail, mais sous-tendent la nécessité d'un travail bénévole, de promesses d'embauche. Très peu de personnes en situation d'attente de régularisation, surtout si elles sont isolées, arrivent à franchir les barrières. Cela favorise de fait le travail non déclaré de bon nombre de « sans papiers », avec en corollaire leur exploitation éhontée, peu ou sous-payés.

Le sésame « titre de séjour temporaire avec autorisation de travail » permet pourtant une intégration rapide et réussie, une fois toutes ces difficultés immenses résolues, pour un trop petit nombre de « sans papiers » qui l'obtiennent.

Nos campagnes, nos montagnes voient une à une les maisons se fermer, les écoles de même, les arrivants de pays lointains ou non ne demanderaient que d'y travailler, ce qui revivifierait nos villages abandonnés.

Dans le bâtiment, la restauration, le maraîchage, en 2023 en France, on manque de main-d'œuvre, et les autorisations de travailler sont distribuées de manière parcimonieuse par les Préfectures ! Émerge une possibilité plus rapide d'intégration, via des embauches en CDD déclarées par les patrons dans les domaines d'activité « à flux tendus », bâtiment, restauration, aide à la personne.

---

indifférent à leurs conditions sociales ou financières, ainsi qu'à leur langue et leur nationalité. La déontologie prescrit le juste soin pour chaque personne qui me consulte. La sagesse dénonce la faute éthique et en passant l'erreur épidémiologique. Patients d'ici et d'ailleurs, ma porte vous est ouverte. Et le restera. »

[79] Loi Asile Immigration du 30 juillet 2018 voir l'analyse du GISTI :(Groupe d'information et de soutien des immigrés) (www.gisti.org/projetdeloi2018).

[Gisti-info] Publication désormais téléchargeable : « Que faire après une obligation de quitter le territoire français ou une interdiction d'y revenir ? » (3e édition)

Est-ce une des raisons qui m'a fait soutenir début 2018, le projet de Cent pour un toit Ariège[80], y participer de manière active et bénévole, un siècle après les débuts difficiles de mes grands-parents, tant les paysans du Piémont italien que ceux du Haut Vicdessos ?

Papa avait été soigné en 1970 à l'hôpital Lariboisière à Paris où le Professeur Daniel Kuntz avait accompagné une étape de sa maladie. Sa mort prématurée surprit ma famille. Les médecins avaient diagnostiqué une leucémie myéloïde à forme lente qui devait évoluer sur 20 ans, et les soins n'ont pas dépassé quelques mois. Là aussi, j'apprendrai plus tard de ma mère que « ton père avait des ganglions partout depuis de nombreuses années », et je réaliserai que la fatigue dont il se plaignait depuis des années, rarement, pour justifier des siestes et esquiver des corvées s'expliquait ainsi par sa maladie non diagnostiquée par les « médecins incapables » qu'il consultait rarement d'ailleurs.

Et j'en voulus a posteriori à ma mémé qui n'a cessé pendant des années de le critiquer dès qu'il avait le dos tourné, sur sa façon de ménager des temps de pause dans le travail qu'il assurait pour elle, pendant ses congés, en lieu et place de vacances, dans les champs d'Auzat, pour aider son « homme si vaillant », puis seul après décès du pépé en 1960. Mort peut-être prématurément à cause de ce supplément de taches dont il se chargeait sans jamais se plaindre ?

Ce surcroît de taches rajoutées aux emplois qu'il s'était imposé pour compléter la retraite prise à 55 ans, et aider ses enfants dans les études, avec en prime les séquelles des 5 ans de captivité en Allemagne, avait raccourci son espérance de vie.

---

[80] centpouruntoitariege@gmail.com 3 impasse du pigeonnier ---- 09100 Pamiers.
Le principe, 100 donateurs versent 5 euros minimum par mois pendant deux ans, ce qui permet de loger et accompagner une famille sans abri vers l'intégration qui passe par le sésame des autorisations de travail. En mai 2020, 10 familles ont été accompagnées depuis début 2018, trois sont sorties du dispositif avec autorisations de travail, la troisième famille début septembre 2020.

La bataille pour reconnaissance de la fluorose

Je repris contact un an après le départ de mon père, en 1973, avec le professeur Kuntz pour lui exposer les conditions de travail et les doléances des ouvriers de Péchiney Auzat. Il accepte de recevoir dans son service deux ouvriers d'Auzat, en « externe », pour pratiquer des analyses et donner un avis sur l'origine de leurs douleurs osseuses et musculaires.

Après discussion avec plusieurs ouvriers, syndiqués ou non, du danger d'une telle démarche « si la direction de l'usine venait à l'apprendre ! », deux volontaires militants CGT sont partants pour l'aventure : Manuel de Araujo et Jacques Houy, soutenus par Mariano Hijar, lui-même délégué syndical. Ils seront soignés en douce, sans passer par la case caisse (en précurseur de l'hôpital de jour qui n'existait pas encore), et logés par leur famille et la mienne, pour économiser le prix de séjour qu'aurait demandé l'hôpital.

Ils viennent à Paris en décembre 1974, et grâce à leur courage (face à Péchiney et face aux médecins qui ont effectué des prélèvements osseux sans anesthésie !), les déclarations de maladies professionnelles dues à la fluorose peuvent se faire sur la vallée.

Le tableau n° 32 sur la fluorose qui existait depuis 1955, mais aucune déclaration n'avait été effectuée, ne sera complété par le législateur[81]... qu'en 1983.

Des déclarations de fluorose auront lieu ensuite, les indemnisations allouées par la Sécurité sociale seront toujours modestes, par rapport aux dégâts causés sur la santé.

Parallèlement, depuis 1970, le médecin du travail de l'usine réalisait que les ouvriers étaient usés prématurément et lisait sur des radiographies d'ouvriers de 40 ans des lésions « comme leur père en avait à 80 ! » Écoutons-le parler du temps où il était jeune médecin :

---

[81] Les tableaux des maladies professionnelles sont créés et régulièrement mis à jour en fonction des connaissances médicales et techniques. Liste complète des maladies consultable sur : http://www.inrs-mp.fr/
Voir en Annexes des exemples de tableaux de maladies professionnelles.

« j'étais invité avec mon épouse, tous les cadres de Péchiney, tous les ans à Paris, hôtel, restaurants, musées… Je n'avais pas été formé durant mes études à la médecine du travail, j'ai appris sur le tas et commencé à déclarer des maladies dues au travail. »

Accidents du travail, maladies, cancers, espérance de vie diminuée, deux fois double peine pour les ouvriers :

À Auzat comme ailleurs dans l'hexagone, la reconnaissance des maladies dues au travail a été longue et difficile.

En France, nous détenons le record européen de la mortalité masculine précoce par cancer avant 65 ans.

« En 1984, un ouvrier avait quatre fois plus de risque de mourir de cancer qu'un cadre supérieur, en 2008 le risque est 10 fois plus élevé[82]. L'écart d'espérance de vie d'un ouvrier et d'un cadre est toujours de 6 ans en 2016.[83]

Un cadre de 35 ans peut espérer vivre jusqu'à 82 ans, soit presque cinq ans de plus qu'un employé, six ans et quatre mois de plus qu'un ouvrier.

L'espérance de vie a augmenté pour toutes les catégories sociales au cours du dernier quart de siècle, mais l'écart entre cadres et ouvriers perdure.

Depuis les années 1970, l'espérance de vie à 35 ans a augmenté en moyenne de 5,5 ans pour les femmes et de 6,7 ans pour les hommes.

Pour les femmes, les inégalités sont moins criantes. L'espérance de vie à 35 ans frôle les 87 ans pour une cadre, trois ans de plus tout de même qu'une ouvrière. Et l'écart n'a pas varié en vingt-cinq ans. »

À cette inégalité devant la mort se rajoute une vie en moins bonne santé. C'est la « double peine » : les ouvriers ont une espérance de vie sans incapacités physiques inférieure de huit ans à celle des cadres pour les hommes, et de cinq ans pour les femmes.

---

[82] *Cour des comptes, mise en œuvre plan cancer Paris 2008.*
[83] Insee Première n° 1584 – février 2016.

L'espérance de vie en bonne santé

Cadres ou professions intellectuelles sont en meilleure santé que les ouvriers, et ont moins d'accidents du travail : « pour un million d'heures salariées, les cadres et chefs d'entreprise s'arrêtent 3,6 fois à la suite d'un accident du travail, et les ouvriers 47,5 fois. »

Et les risques de cancer ?

Il en est de même pour les cancers. Écoutons le Professeur Guy Launoy[84] : « Concernant les risques de cancer, le poids des inégalités est variable selon la localisation de la tumeur. En revanche, quand le cancer est là, ce sont toujours les personnes isolées socialement ou géographiquement qui ont le pire pronostic. »

« Habiter à plus de 50 km d'un centre de référence pour le cancer divise par deux la probabilité d'être pris en charge à cet endroit. »

Les chances de ces patients qui seront suivis dans des services moins spécialisés en cancérologie seront diminuées en termes de survie, même si les protocoles de traitement des cancers sont uniformisés, standardisés sur tout le territoire Français. Ce qui reste à vérifier, cas par cas.

Restent inégalitaires les délais de rendez-vous dès les premiers signes de la maladie, délais pour consulter un spécialiste, pour obtenir des examens spécialisés comme Scanners voire IRM. À preuve lorsqu'on propose en Ariège en octobre 2019 pour une simple échographie un délai de 3 semaines tant en ville qu'au CHIVA[85], et ce avant la période « COVID »… en raison du manque de personnel.

---

[84] Guy Launoy Professeur des Universités – Praticien Hospitalier Responsable de l'unité de Recherche et d'Évaluation en Épidémiologie du CHU de Caen, avec son équipe INSERM Cancer et Populations, mène à Caen des études pour décrypter les mécanismes de ces inégalités.
[85] Centre Hospitalier Inter Communal des Vallées d'Ariège situé entre Foix et Pamiers qui est la ressource hospitalière principale pour 152 574 habitants et ne dispose pas en 2018 ni en 2023, de service de radiothérapie, de service de neurologie, d'urgences de Pédiatrie (assurées la nuit par les urgentistes adultes).

Cette inégalité criante se révèle au grand jour depuis mars 2020, avec le manque d'anticipation des pouvoirs publics, entraînant la réduction drastique de lits, de personnels, de matériel de réanimation, de masques de protection et de tests de dépistage du COVID-19. Ce n'est pourtant pas faute des alertes répétées, des manifestations du personnel des hôpitaux, des professionnels de santé, des syndicats, des gilets jaunes, et ce depuis des mois, toutes manifestations qui n'ont reçu aucune écoute, et sévèrement réprimées par l'État.

Les travaux de Guy Launoy montrent également l'existence d'une inégalité sociale concernant le dépistage. Pour ce chercheur : *il faut démultiplier l'offre de dépistage et faire du « sur mesure » pour toucher les populations les moins favorisées. Une des pistes que nous évaluons dans cinq départements consiste à inclure des assistantes sociales dans les programmes de dépistage des cancers du sein et du côlon.*

Et pourtant les maladies dues au travail sont des dangers connus et pointés par des médecins ou scientifiques honnêtes depuis si longtemps :

Début du 18ᵉ siècle, Bernardino Ramazzini,[86] un médecin italien, recommande d'être attentif au métier de ses malades, et se pose la question déjà essentielle : « pourquoi faut-il que les "arts", expression de la civilisation, soient à l'origine de maladies mortelles... ne serait-ce qu'au nom de la "dette" de la société envers ceux qui sont chargés des travaux dangereux, mais si nécessaire pour le bien de la république ! notamment les métiers de mineur, verrier, tisserand, imprimeur, peintre, qui sont victimes de la toxicité des substances et poussières au contact desquelles ils travaillent. »

Trois siècles plus tard, toujours peu nombreux sont les médecins qui prennent le temps de poser la question des conditions de travail à leurs patients, et cela est très dommageable pour tous travailleurs soumis aux pressions de rentabilité, de performance, d'évaluation et

---

[86] Bernardino Ramazzini (1633-1714), *Essai sur les maladies des artisans*, traduit en français par Antoine de Fourcroy en 1777.

exposés à la toxicité des produits,... manipulés dans le cadre du travail ou de leur environnement.

En 2023, dans la formation des futurs généralistes, les maladies dues au travail, leur prévention, leur dépistage ne sont pas encore suffisamment intégrés dans les programmes de toutes les facultés qui forment ces médecins. N'y figurent pas non plus l'histoire de la médecine, les médecines dites parallèles, que les usagers de la médecine connaissent et utilisent et qui laisseront sans voix les futurs médecins.

Ma chance au cours de mes études a été de me former en parallèle à la médecine générale et à la médecine du travail puis de l'exercer pendant 6 ans, à mi-temps, peut être motivée par ce que je voyais à Auzat et mon désir de partage des connaissances, d'échanges et de rencontres avec les citoyens du monde, tous confondus.

Bien des années plus tard, une fois installée en médecine générale, en secteur libéral, me sentant démunie face aux femmes enceintes, aux enfants, aux personnes âgées qui ne supportaient pas la médecine classique, et les médicaments qui leur étaient toxiques[87], je me suis formée à l'homéopathie, puis à l'auto-hypnose.

En 2013, à l'occasion de remplacements effectués dans les hôpitaux ariégeois, je découvrirai les bienfaits sur les patients des médecines parallèles. En constatant de visu les bons résultats de « coupeuses de feu » sur les zonas, les brûlures occasionnées par le soleil, la radiothérapie, les liquides brûlants, et des magnétiseurs avec leur effet bénéfique sur la fatigue, les douleurs, les séquelles de chimiothérapie.

---

[87] Depuis sa création, en janvier 1981, je suis, et reste abonnée à *la revue Prescrire*, revue indépendante de l'industrie pharmaceutique et du ministère de la Santé. Cela m'a protégée de prescrire nombre de médicaments dangereux, signalés par Prescrire et interdits par le ministère bien des années après. Par exemple les anti-inflammatoires Cox, le Viox, ou le médiator, voire les anti-alzheimer non remboursés en 2018 à juste raison.

Rares sont les hôpitaux qui tolèrent ces pratiques parallèles à la médecine classique, et pourtant, les effets bénéfiques, voire placebo [88] sont indéniables.

Leur action bénéfique sur une majorité de patients ne peut être prouvée de manière scientifique, ce qui est mis en avant pour leur fermer les portes dans les hôpitaux, sauf exception.

Ainsi, dans les hôpitaux de Grenoble, Carcassonne, Lyon, Lille, Rodez, et aux Urgences de Thonon-les-Bains, leur aide est admise et reconnue en 2019.

En 2017, traitée pour un cancer à l'Oncopole de Toulouse, j'ai posé la question au médecin qui me prescrivait des séances de radiothérapie : « Êtes-vous favorable à l'aide d'un coupeur de feu après chaque séance ? », la réponse positive m'a été donnée, avec proposition d'adresses si nécessaire.

Tout ce qui peut aider un usager de soins dans son mal être est à accepter, sans pour autant renier la médecine classique, en restant très vigilant aussi sur l'usage des médicaments classiques, des techniques parallèles et surtout des pratiques de leurs prescripteurs.

En miroir se trouve l'homéopathie dont le projet de mise au ban des remboursements en 2019 sur la sellette de l'agence du médicament (sous pression de l'industrie du médicament ?) est effectif depuis janvier 2021[89].

Toutes prescriptions de conseil, de médicament, de techniques de soin reconnues ou pas, avec ou sans principes actifs, ont un effet nocebo ou placebo sur la souffrance et la disparition ou non de la

---

[88] Aucun acte médical n'est purement biologique ou chimique, la relation avec le thérapeute, la façon de prescrire un traitement jouent un rôle dans le résultat du soin donné. Placebo = « je vais plaire » en latin.

[89] Depuis le 1er janvier 2021, les médicaments homéopathiques ne sont donc plus remboursés par la Sécurité sociale et sont corrélés à une hausse de leur prix, via l'augmentation du taux de TVA, de 2,10 % à 10 %, et la libéralisation des prix des traitements homéopathiques. La consultation d'un médecin homéopathe est encore remboursée à 70 % du tarif conventionnel pour un médecin de secteur 1, fixé à 25 €. Après déduction de la participation forfaitaire de 1 €, le remboursement effectif est de 16,5 €.

maladie. L'effet sera différent selon la façon de la donner, d'accompagner et celle de la recevoir.

La manière de prescrire, de conseiller, d'accompagner est aussi importante que le conseil prescrit ou donné et l'effet sera différent. Une soignante hésitante, qui ne regarde pas la personne en souffrance dans les yeux (eh oui, cela existe), qui dit « on va tenter », trop rapidement, aura moins de résultats probants avec effet nocebo, qu'une soignante humaniste, souriante, paraissant sûre d'elle, qui accompagnera ses prescriptions d'un effet placebo de meilleure qualité, tout en prenant le temps nécessaire à l'écoute, aux explications et réponses aux questions posées par la personne en soin.

Nous sommes étions, dans les années 1970, entrés dans le paradigme du doute, de l'obligation de preuve et les ouvriers de Péchiney en ont fait les frais, eux qui ont dû prouver que les dégâts sur leur santé tant au niveau du fluor, que des goudrons et de l'amiante n'étaient dus ni à l'alcool ni au tabac.

Avec la loi travail, votée malgré les oppositions, en 2023, avec la réduction des marges de manœuvre, du nombre tant de médecins que d'inspecteurs du travail, nous sommes sur le chemin de la marche en arrière, vers ces années 60 quand obligation était faite de « prouver » la toxicité des méthodes de travail.

Cette marche arrière n'est pas inéluctable, nous devons ne rien lâcher, et relayer les informations dont nous disposons, nous citoyens, usagers, ouvriers, paysans, soignants, juristes, chercheurs, comme lanceurs d'alerte, afin de continuer le plus efficacement possible la lutte pour une survie la plus optimale possible.

Année 1976, le retour des abeilles

Les années avaient passé et Péchiney, las de payer pour les méfaits des rejets polluants de son usine, joignant l'utile au rentable décide de « déconstruire » l'usine, puis de la reconstruire, en une seule opération, maintenant la production pendant les travaux, puisque les fours ne peuvent s'arrêter.

Le temps était venu pour Péchiney de s'intéresser à la lutte contre la pollution[90]. Écoutons Daniel C Menegoz qui retrace en 1992 l'histoire de la protection de l'environnement autour des usines d'électrolyse ;

« La bataille de l'épuration : au début des années soixante, la situation a basculé. Dans le monde entier, les dommages à l'environnement commencèrent à être critiqués. Les agriculteurs et les éleveurs en prirent de plus en plus conscience et, soutenus par les administrations et les médias, ils attaquèrent les industriels. Dans le cas de l'aluminium, on brandissait sans l'imposer le standard de rejet de 1kgF/tAl que l'Environemental Protection Agency de Washington proposait comme objectif. On ne pouvait modifier les usines d'un jour à l'autre ; d'ailleurs, les méthodes de collecte et d'épuration pour atteindre ces objectifs n'existaient pas. »

Les travaux sur Auzat auront duré 3 ans de 1972 à 1975.

L'usine tourne toujours en 3/8, en trois équipes se succédant sur les 24 heures (4h-12h-20H) ce qui entraîne travail de nuit, avec nuisances sur le sommeil, l'humeur, rajoutées à celles dues à la fabrication de l'aluminium.

L'usine « ultra moderne » de 1976 est aux normes pour les conditions de travail, les ouvriers sont équipés de « scaphandres », masques, lunettes, habits en coton spécialement ignifugé.

Des captations sont installées en toiture, ainsi l'usine se transforme en une boîte bien fermée avec augmentation des cadences, de la production.

On assiste à une diminution nette des émanations extérieures, avec une usine « flambant neuf » en 1976.

Devenue une boîte bien isolée pour l'extérieur qui intensifie la fabrication d'aluminium de qualité et de pureté exceptionnelle, c'est une usine dont les ouvriers sont fiers.

---

[90] Extrait de « Histoire technique de la production d'aluminium » Presses Universitaires de Grenoble – 1992 – chapitre 2, page 144.

À l'intérieur : les cadences et la rentabilité ont augmenté, le travail est moins physique, mais l'exposition aux émanations plus dense et plus concentrée : amiante, goudrons, chaleur, acide fluorhydrique.

Ce qui rend le travail avec des masques en atmosphère très chaude encore plus pénible et difficile.

Des entreprises extérieures ont employé pendant les travaux de reconstruction des ouvriers sans protections, sans équipements suffisants pour résister à la chaleur, aux acides. L'usine ne pouvait pas s'arrêter, les équipes continuaient de tourner en 3/8 pendant le dé tricotage et re tricotage de l'usine.

Écoutons Toni : « faute d'équipements adaptés (les ouvriers de Péchiney étaient, eux, bien protégés), les bleus de travail ne résistaient pas 15 jours dans les vapeurs acides et brûlantes, et les poches se détachaient d'elles-mêmes ».

La déconstruction reconstruction aura occupé 3 ans, et installé deux décharges pour loger les matériaux de l'ancienne usine, puis les déchets divers, roches captatrices de vapeurs d'acide fluorhydrique, parcelles d'amiante.

La première décharge, que l'on a tendance à oublier, est située près de l'usine, sur l'ancien terrain de la « ferme modèle »

La deuxième est à Massada, en amont d'Auzat. Toutes deux sont en bordure de rivière, et les élus de l'époque n'ont, à ma connaissance, jamais exposé publiquement ni demandé de comptes ou d'analyses à Péchiney pour exiger des réponses afin d'évaluer les risques de pollution de nappe phréatique et de la rivière le Vicdessos en aval de ces décharges, risques au long cours pour les générations futures.

Si ces démarches ont été effectuées, elles n'ont pas été rendues publiques.

Dans la vallée, tout le monde était satisfait, les habitants, paysans, ouvriers, cadres et patrons de l'usine.

On vit la nature reverdir, les jardiniers constater le retour des abeilles, des lapins sauvages, et celui des doryphores, qui avaient disparu d'Auzat depuis l'installation de l'usine « d'avant les travaux ».

Albertine l'infirmière déplorait : « Tout est rentré dans les normes à l'extérieur après 1976 lorsque les captations en toiture ont été installées, et les indemnisations de Péchiney pour les cultures et le bétail ont cessé. Par contre à l'intérieur, les gars me disaient : "les gaz que nous respirons nous rendent malades" et quand on rentrait dans les séries pour ramener d'urgence une boîte à pansements, les vapeurs brûlantes nous prenaient à la gorge. La fumée du brai [91] brûlait la peau comme des coups de soleil, les brûlures étaient nombreuses dans la nouvelle usine et le Borostyrol®[92] souvent utilisé pour calmer la brûlure, avec le baume du Pérou, pour apaiser et protéger la peau. J'ai souvenir d'un accident grave : un piqueur de cuve a dérapé et plongé sa jambe dans le bain brûlant, il a dû être évacué à Toulouse après les premiers soins. Pour les petites brûlures, les soins étaient assurés sur place. »

Oui, tout le monde était comblé, les patrons de l'usine en premier qui voyaient la rentabilité accrue de l'outil de travail, un aluminium produit en quantité bien supérieure à celle qui sortait de l'ancienne usine.

Elle va fonctionner ainsi pendant quelques années, tournant à plein régime, fournissant un aluminium de qualité exceptionnelle, usine modèle en matière de rentabilité.

Antoni, ouvrier d'Auzat, qui a travaillé avant la réfection de l'usine, témoigne : « Les risques liés aux différentes opérations de production étaient nombreux. Une poussière noire nous recouvrait tous dans ce secteur.

Nous étions soumis dans l'ancienne usine avant 1976 aux émanations d'acide fluorhydrique en suspension au-dessus des anodes, pendant l'électrolyse qui permet la transformation et

---

[91] Les brais de houille utilisés pour la fabrication des électrodes, portés à très haute température, sont constitués par le résidu de distillation des goudrons de houille et composés d'hydrocarbures aromatiques polycycliques (HAP), hydrocarbures hétérocycliques soufrés, oxygénés, azotés et occasionnent brûlures cutanées, cancers de la peau et voies respiratoires.
[92] Borostyrol® Médicament utilisé dans les années 1970 qui contient des dérivés terpéniques et peut entraîner à doses excessives des accidents neurologiques à type de convulsions chez le nourrisson et chez l'enfant.

fabrication de l'aluminium. Avant la mécanisation, nous subissions le port de charges qui aggravait les lésions déjà entraînées par le fluor, sur nos articulations, nos épaules, nos hanches et nos genoux.

Quant aux émanations d'alliages de bismuth, magnésium, silicium, manganèse, cadmium, qui s'élevaient des séries, elles ont certainement entraîné les anémies, cancers qui ont envoyé au cimetière nombre de copains bien avant l'âge de la retraite.

À la fonderie, on courait les mêmes risques de projection, auxquels s'ajoutait une chaleur intense. La fumée de brai provoquait des lésions comme des coups de soleil. Les risques de brûlures étaient fréquents : au niveau des membres inférieurs (risques de glissade et dérapage dans le bain brûlant), des mains (éclaboussures). À long terme, après des brûlures répétées, nous risquions un cancer de la peau. »

Années 1990 : « On n'a pas respecté l'usine neuve »

10 ans plus tard, les filtres absorbant l'acide fluorhydrique ne sont pas entretenus, signe que l'usine était devenue non rentable, ou que la direction envisageait un autre moyen de rentabiliser l'outil de travail ? Les remous de la crise des années 80 qui avait touché d'autres usines (Largentière qui ferme ses portes en 1987) touchent également l'usine d'Auzat.

La pollution extérieure se manifeste à nouveau, et sur place dans l'usine, les conditions de travail s'aggravent encore.

Mario : *j'ai travaillé comme intérimaire pendant 6 ans, puis 10 ans chez Péchiney, à Castelsarrasin 3 ans et Auzat les sept dernières années, comme ouvrier aux cuves.*

Avec l'entreprise de construction de l'usine neuve, je travaillais en intérim, protégé par des tenues de laine incombustible, pour reconstruire les cuves, nettoyer les piliers qui avaient bougé. Ensuite, comme remplaçant en fonderie, les conditions devenaient de plus en plus dures à partir des années 90. La tenue du fondeur à la coulée d'aluminium nous transformait en scaphandriers, avec masque intégral et revêtement « tout en amiante » de 1990 à 1995.

Utilisées quotidiennement pour le traitement des fours, les pastilles de chlore de 1 kg occasionnaient des brûlures par inhalation et en fonderie, pour le marquage des plaques, les peintures au plomb aggravaient les anémies.

Le brai de houille, liquide, on le recevait par bidon et on l'utilisait pour le brascage quand on refaisait les cuves : cinq couches de briques au fond, les barres cathodiques étaient habillées de joints en amiante, cimentés et on remplissait les joints de brasque[93] à base de brai et de goudron. Ensuite, le brai liquide était vaporisé ainsi que le CBC[94] après chauffage à 140°.

La direction a augmenté l'intensité, peut-être pour tester l'usine, en passant de 90 000 ampères à plus de 105 000 ampères. Les cuves étaient des dalles de béton avec en suspension, le métal en fusion. Au-dessus des structures, l'intensité était telle que les ferrailles devenaient conductrices d'électricité. Du coup, 9 ouvriers ont été électrisés, et 3 d'entre eux ont conservé des séquelles. Nous n'étions pas informés que nous disposions d'un droit de retrait en faisant appel au CHSCT[95], pour faire diminuer l'intensité électrique, et cela a duré jusqu'à la fermeture de l'usine classée Séveso 2 fort à cause du danger de la cryolyse acide et de l'atmosphère devenue irrespirable.

Les dernières années, de plus en plus d'intérimaires étaient embauchés, près de 100 en 2003 qui travaillaient à feu continu pour remplacer les ouvriers en congés, malades ou accidentés. Les brûlures

---

[93] Brasque : Assemblage d'argile et de charbon écrasé, de goudron, utilisé pour enduire le fond des cuves

[94] CBC produit « Pechiney » qui venait de Hollande et dont l'étiquette mentionnait « *peut causer des altérations génétiques héréditaires, des malformations congénitales, en cas de malaise, consulter un médecin, si possible lui montrer l'étiquette – éviter l'exposition – se procurer des instructions spéciales avant utilisation* » – alors que ladite composition n'était pas indiquée – cf. une étiquette confiée par un ouvrier CGT d'Auzat.

[95] Comité d'Hygiène, de Sécurité et des Conditions de Travail, créé en 1982, revu en 1991 pour agir sur le champ de la prévention des risques d'une entreprise de plus de 50 salariés, et depuis la loi du 30 juillet 2003 sur la prévention de l'ensemble des risques technologiques.
Pour en savoir plus www.inrs.fr Institut national de recherche et de sécurité (INRS Santé et Sécurité au Travail qui existe depuis 1947).

entraînaient des arrêts longs, c'étaient des brûlures aux pieds avec de la fonte en fusion. Les protections étaient de bonne qualité, mais très difficiles à supporter, vu la chaleur dégagée par les séries où se fabriquait le métal en fusion, les cuves vidées tous les deux jours, de ce métal emmené en fonderie et ensuite transformé, solidifié. On fabriquait 45 000 tonnes par an et ensuite on augmentait les cadences.

Le dernier hall faisait 300 mètres de long, on lavait la boue avec de la chaux et cette boue (4 tonnes par jour) était évacuée dans la décharge de Massada. Les tuyaux encrassés prenaient feu facilement et entraînaient des brûlures de plus en plus nombreuses dans les années 2000, les contrôles de sécurité étaient en baisse, d'où arrêts de travail de plus en plus nombreux et embauche d'intérimaires peu formés, qui étaient plus fréquemment encore victimes d'accidents, de maladies professionnelles non reconnues.

On n'a pas respecté l'usine neuve, sur le pont au-dessus des cuves, la cabine climatisée n'a pas été entretenue, les poignées de pont cassées n'étaient pas changées. Le toit a tout de même été refait en partie après 1997, pour isoler l'amiante, lorsque celle-ci a été interdite. À la fin, on ne supportait plus les masques de protection, la chaleur était intense et jamais je n'ai eu la peau rougie, même exposé au soleil en haute montagne, comme après mes huit heures passées dans l'usine.

Il devient difficile de travailler avec les masques de protection en raison de la chaleur, et l'on assiste à une augmentation des accidents de travail, chutes, brûlures, électrisation, en parallèle, avec l'embauche massive d'intérimaires pour remplacer les ouvriers accidentés de plus en plus nombreux.

Année 2000, on parle de fermer l'usine

Dans les années 1950, l'usine, devenue Péchiney, avait fait une entrée triomphale dans le capitalisme mondial, puis en 1971 avait fusionné avec Ugine Kuhlmann pour devenir PUK (Péchiney Ugine Kuhlmann), conglomérat rattrapé par la crise en 1974.

PUK, aidé par la gauche au pouvoir en 1982, nationalisé, et restructuré en abandonnant les aciers spéciaux et la chimie, reprend le nom de Péchiney en 1986. L'usine, endettée lourdement pour racheter le géant de l'emballage American National Can (ANC), plus connu sous le nom de Triangle[96], en 1988, fait la une des médias pour « délit d'initiés » et scandale politico-financier. En 1994, malgré l'ouverture de l'usine avant-gardiste de Dunkerque, Péchiney est à nouveau mal en point, et privatisée en 1995.

En 2000 : On parle de fermer l'usine. Un projet de fusion avec Alcan est refusé une première fois par la Commission européenne.

Marco raconte : lorsque l'usine a fermé, les Canadiens ont pris en compte la décharge de Massada et utilisé du géotextile pour envelopper les crasses, la protection en surface a été faite correctement. Mais pour la pollution en profondeur et les écoulements dans le Vicdessos, rien n'est moins sûr de la qualité de dépollution.

Quant à Victor, il confirme : *le bruit était intense dans l'usine et même au-dehors, il existait un bourdonnement continu, jour et nuit, près de 90 décibels. Lorsque l'usine s'est arrêtée, on a ré entendu dans le village le bruit des clochettes de moutons sur le versant de Saleix[97].*

Marco : *certains jardiniers utilisaient de la cryolithe pour traiter les pommes de terre et supprimer les doryphores réapparus avec les captations efficaces de l'usine neuve. Personne ne pensait à la toxicité, on manquait d'information. Notre usine était une usine modèle dans les années 1980. Avant l'augmentation de l'intensité du*

---

[96] Affaire Péchiney – Triangle : En 1988, révélation de la SEC (stock exchange commission) d'un délit d'initiés retentissant : Pechiney, entreprise publique, avait lancé une OPA (offre publique d'achat) sur une filiale du groupe américain Triangle Industries. Plusieurs personnes auraient bénéficié d'informations pour acheter des titres Triangle à bas prix pour les revendre lors de l'annonce de l'OPA et profiter d'une colossale plus-value. Le scandale touchera l'homme d'affaires Samir Traboulsi et Alain Boublil, directeur de cabinet de Pierre Bérégovoy, ministre de l'Économie et des Finances en 1988. (Cf. le « Piège de Wall Street, l'Affaire Pechiney-Triangle » Gilles Sengès – François Labrouillère, 1989, Ed. Albin Michel.) Un procès exemplaire (contrairement à celui de la Société Générale toujours non solutionné), laissant des zones d'ombre, toutefois, a eu lieu au terme de quatre années d'instruction en 1993.
[97] Saleix, village qui surplombe Auzat sur le versant ensoleillé.

titrage de l'alu organisée par les leaders européens, nous sortions d'Auzat l'aluminium le plus pur du monde, en sortie primaire de cuve, sans raffinement. Les ouvriers œuvraient pour un produit de qualité, pour que l'usine dure et cela n'a rien changé.

La pollution affecte à nouveau les bovins en 2000[98]

La direction de l'usine d'Aluminium Pechiney à Lannemezan reconnaît que l'émission de pollution fluorée a un impact sur les animaux environnants. Son directeur, Christian Staub, admet désormais l'existence d'indemnisations d'éleveurs pour « des cas marginaux de fluorose animale. »

C'est une maladie qui se détecte à l'examen clinique des animaux par des lésions dentaires, osseuses. Elle peut provoquer des boiteries chez l'animal. Des pertes de production lactée ainsi que des retards de croissance sont constatés. Le préjudice commercial pour l'éleveur se traduit aussi par un renouvellement accru de son cheptel qui passe du simple (15 % par an) au double, parfois, selon plusieurs témoignages concordants.

Christian Staub, le directeur du site, reconnaît les incidences des rejets fluorés de son usine sur le cheptel. À tel point qu'il admet même « fournir des condiments minéraux aux éleveurs pour réduire l'impact du fluor sur le bétail. Compte tenu de ces condiments, l'impact reste faible, mais il y a un impact ».

Lorsque l'on évoque plusieurs cas de fluorose animale signalés autour du site, le directeur estime qu'ils sont « extrêmement marginaux aujourd'hui ».

Aluminium Pechiney indemnise des maïsiculteurs selon une procédure à l'amiable bien rodée (lire ci-dessous). « Elle concerne

---

[98] Publié le 22/10/2000, *La Dépêche du Midi*.
Rejets fluorés de l'usine Pechiney de Lannemezan (65), article signé Patrick Guerrier et Didier Lagedamon.

une quantité importante d'agriculteurs », souligne-t-il. *Cent soixante environ, selon nos sources. « Peut-être bien, mais je ne connais pas leur nombre exact »*, poursuit Christian Staub.

Sur le lot, il reconnaît toutefois que l'indemnisation a porté aussi sur « des cas de fluorose animale ». Cette information vient en totale contradiction avec les propos rassurants du directeur des installations classées de la Drire, qui nous a confié ne pas connaître « de cas de fluorose animale, au moins au cours de ces dernières années » (notre édition de vendredi).

Si marginaux soient ces cas de fluorose animale, ils ne manqueront pas de susciter l'intérêt des quarante-cinq adhérents de l'Association des propriétaires et agriculteurs de La Barthe-de-Neste. Ils sont engagés avec Aluminium Pechniney, depuis plus de vingt ans, dans un interminable roman-feuilleton judiciaire. Au rythme des jugements, des arrêts de cour d'appel et de cassation, la lutte du « pot de terre contre le pot de fer », comme le souligne leur président, Michel Forgue, se prolonge.

Le président souligne encore plusieurs cas de fluorose animale. « On en connaît, c'est très facile à repérer lorsque les génisses changent leurs dents, vers 2 ans. Cela commence par des caries, des taches brunes sur les dents qui se strient ou s'ébrèchent. La table de dentition est usée anormalement. » Cette description colle avec les signes relevés sur quatre bovins de Georges Pailhac, éleveur à Anères.

« Regardez-moi l'état de ses dents », s'exclame Georges Pailhac en ouvrant la mâchoire de l'une d'entre elles (notre photo). Les dents sont noircies. « Tout ça parce qu'elles ingurgitent le fluor qui s'est déposé sur la végétation », souffle de dépit l'éleveur de holsteins. Il était pourtant convaincu que tout cela était révolu depuis que « Pechiney ne tournait plus à plein régime. » « On est touché, mais c'est pire à La Barthe sur certains maïs. Dans certains endroits, il n'y a même plus un épi. On sait que Pechiney fait vivre du monde, mais ce n'est pas une raison pour nous polluer. »

La fin d'un siècle d'exploitation des hommes de Péchiney

Les ouvriers ont lutté, manifesté, soutenus par les élus locaux et la population de la vallée, pour maintenir et remettre aux normes l'outil de travail afin qu'ils puissent reprendre le travail et conserver cet outil, mais en sécurité.

L'embauche des intérimaires signera le début d'une très nette aggravation des conditions de travail, la reprise intense de la pollution extérieure (les filtres sont devenus inefficaces), le départ des abeilles et à nouveau, la stérilité des arbres fruitiers. L'augmentation des cadences et de l'électrolyse, pour gagner plus, s'est faite au prix de la santé des ouvriers.

En 2003, Péchiney, affaibli et dont l'usine n'est plus un modèle de rentabilité, est racheté par le canadien Alcan. Péchiney capitule pour 4 petits milliards d'euros et se retrouve rayé de l'oligopole mondial de l'Alumin-OR. Il sera absorbé ensuite par Rio Tinto, anglo-australien, en 2007.

Par la suite, le groupe Alcan, alors qu'il s'était engagé à conserver pendant dix ans les activités de Péchiney, les cède peu à peu, et les usines ferment à tour de rôle. En 2010, l'affaire est entendue à la suite d'une série de manipulations boursières digne des Rothschild de l'époque napoléonienne.

L'industrielle vallée du haut Vicdessos fait son entrée dans le giron des parcs naturels et du tourisme.

Cela marquera la fin de la souveraineté du groupe Péchiney dont l'histoire avait commencé en 1860, avec le lancement de la fabrication de l'aluminium par le chimiste Henri Merle, la naissance de la compagnie Alais Froges et Camargue, rebaptisée Péchiney en 1950 avec ses 40 usines et ses 40 000 ouvriers, puis Péchiney Ugine Kulhman en 1971 après fusion avec Ugine Kuhlman.

2003 a vu la fermeture de l'usine d'Auzat, déclarée « Seveso 2 fort[99] », et la direction de l'usine proposera des reconversions (déplacements à Dunkerque ou Saint-Jean-de-Maurienne, ou localement via une société de reclassement) à tous les ouvriers, mais pas forcément dans le même poste de travail...

Gérard, qui est venu me parler à la fin de la soirée sur le film « Péchiney et après ?[100] » : *« j'ai eu deux maladies professionnelles reconnues, je vais très bien et suis prêt à témoigner »*, a commencé sur l'usine d'Auzat. *« Les cuves étaient isolées avec de l'amiante au fond, et de la poussière d'amiante volait lorsqu'on sciait les plaques d'amiante à mains nues pour les adapter, des collègues emmenaient des chutes pour isoler les gazinières à la maison.*

L'amiante, très volatil, s'émiettait, on envoyait de l'air pour refroidir le four et on respirait de l'amiante. Aux changements de feux, aux anodes, on posait les cannes et tout s'envolait, avec de la poussière d'amiante sur le sol, à moitié consumée. Les joints de goulotte d'un four à l'autre étaient en tôle d'amiante, souple, facile à couper et adapter en souplesse pour permettre le pivotement. Les plaques d'amiante étaient mises à la bonne mesure, et adaptées par sciage à la main.

On avait envie de travailler, on ne réfléchissait pas, et on était sans information sur le danger que représentaient ces fibres.

Les premiers contrôles radiologiques et informations des médecins n'ont débuté qu'en 1990. J'ai été traité pour un cancer de la peau, conséquence des brûlures du bray de houille, reconnu maladie professionnelle numéro 16, avec une pension de 15 % et un suivi à long terme. Puis j'ai été muté à l'usine Péchiney de Mercus, ou il y

---

[99] Depuis l'accident de l'usine italienne Imecsa et le rejet de dioxine en 1976 sur la commune voisine de Seveso, les usines dangereuses sont classées en seuil haut (657 en France) ou bas (547 en 2006).
[100] Film web documentaire tourné en 2013, avec les élèves des collèges de Vicdessos et Tarascon. Réalisé par Gwladys Déprez et Valérie Guillaudot. Visible sur pechineyetapres.fr/

avait peu d'amiante, mais en 2004 des plaques pleurales ont été découvertes sur les contrôles radiologiques, on m'a diagnostiqué des lésions de la plèvre dues à l'amiante, je suis désormais suivi régulièrement par un pneumologue de l'hôpital, et reconnu une deuxième fois victime d'une maladie professionnelle, tableau numéro 30, grâce à la vigilance de la médecin du travail qui connaissait mon parcours et mes conditions de travail, tant à Auzat qu'à Mercus. Je vais bien heureusement, ce qui m'a aidé, c'est un moral de battant, la vie saine que je mène, les marches en montagne, la bonne nourriture et la vie sans tabac ni alcool. »

Deux ouvriers qui sont indemnes, mais nombreux sont ceux qui sont morts prématurément de cancers, de rhumatismes déformants (canal lombaire étroit, arthrose invalidante), accidents et ce, avant les premiers contrôles pour déceler les méfaits de l'amiante. Ces contrôles n'ont démarré qu'en 1995 ! un scandale, alors que la toxicité de la fibre d'amiante était connue depuis les années 1970 et que le tableau des maladies professionnelles dues à l'amiante avait été instauré en 1945 !

Alfred, un ancien de l'usine, qui travaillait comme électricien vitupère : *D'une Deux Chevaux, qui tournait comme une montre bien réglée, on a voulu faire une Mercédès sans les moyens, la deux chevaux s'est essoufflée, et nous avec.*

Le chemin de l'alu

Un « chemin de l'alu » sera inauguré par les élus de l'époque, pour garder une mémoire de cette aventure déroulée sur un siècle, qui a fait la richesse du pays, au prix de la santé des ouvriers, et entraîné une modification de la nature, pour des décennies. Ce « chemin » commandé à des sculpteurs, ne reflète pas la richesse humaine des ouvriers venus de tous les coins de l'Europe et du bassin méditerranéen qui ont trimé au mépris de leur santé, pour que Péchiney, puis Auzat et la vallée en tirent bénéfice secondaire grâce aux mânes de Péchiney. Il est critiqué par des fils d'ouvriers qui n'ont pas été associés à sa conception, et dont certains regrettent que les vestiges de l'usine, outils, cuves, matériel de fabrication de l'alu, soient partis à la casse, lorsque l'usine a été rasée. « Les fondeurs n'ont jamais fabriqué de bloc moteur ni de jante, qui jalonnent pourtant le chemin de l'alu ! »

Écoutons maintenant la conclusion du texte signé par Emile Lalla, retraité, ancien délégué CGT de Péchiney Auzat 10 ans après la fermeture de l'usine :

Nous étions là, ce 19 mars 2013 devant notre siège, l'ancien CE, tout un symbole de nos luttes, de nos acquis, pour écrire la belle et triste histoire de notre vie. Nous l'avons inaugurée en dévoilant la plaque de notre bureau qui est devenu la salle José CIVERA en hommage à notre camarade, à notre ami, délégué syndical CGT de Péchiney d'Auzat décédé tragiquement à l'usine le 7 juillet 1985, alors qu'il venait pour y gagner sa vie ! Il fait partie de l'histoire de Péchiney, de notre histoire, que nous payons par du sang et des larmes. Nous avons eu une pensée pour nos militants, pour tous nos disparus, car c'est notre histoire, notre devoir de mémoire, mais qui fait aussi partie de l'histoire de notre vallée. La diversité de nos populations ouvrières a permis une grande richesse, cette tolérance entre les peuples, avec tous les travailleurs, tous nos camarades immigrés : espagnols, portugais, italiens, nos frères magrébins, tous ensemble, avec les « Auzatois », tous unis dans la fraternité et l'amour du travail à l'usine, au rythme du folklore de leur pays d'origine, c'était tout ça l'usine Péchiney d'Auzat. Nous avons immortalisé ce moment d'une lithographie, représentant les 100 ans de l'ère industrielle de notre vallée.

Continuer tant que nécessaire, la désobéissance civile

Aucune étude n'a été encore lancée dans cette vallée du haut Vicdessos sur les risques pour la santé des enfants exposés dès leur petite enfance (avant la reconstruction de l'usine), aux émanations de vapeurs fluorées, aux dégâts causés sur leur croissance osseuse, puisqu'ils vivaient dans les abords de l'usine. Ces enfants mangeaient les légumes cultivés dans les parcelles de jardin jouxtant l'usine, et ont grandi en respirant l'air pollué qui occasionnait des dégâts sur les animaux broutant l'herbe contaminée. Devenus adultes, ils sont restés à Auzat ou partis vers Toulouse ou Paris et reviennent pour les vacances.

Nombreux sont ceux qui ont des douleurs, des blocages d'articulations, un canal lombaire étroit, des déformations osseuses qui font penser à des lésions installées à bas bruit depuis l'enfance, et aussi aux maladies rhumatismales qui ont altéré dès leurs 40 ans, la vie quotidienne de leurs pères ouvriers de l'usine. Une étude à vaste échelle mériterait d'être lancée sur cette problématique.

Et quelles études urgentes seraient à prévoir pour les décharges qui se déversent dans le Vicdessos ?

Lorsque l'usine Péchiney a fermé, elle était classée Seveso 2, seuil haut, le sol de l'usine, celui de la décharge de Massada[101] et la nappe phréatique sont pollués par des fluorures, des cyanures, des hydrocarbures, de l'arsenic, de l'aluminium, du baryum, la décharge de Massada a été l'objet d'un arrêté préfectoral pour « mise aux normes »[102]. L'usine a été rasée en 2005-2007 et des accords ont été conclus avec les élus de l'époque et le repreneur Alcan ;

Et qu'en est-il de la pollution sur le site même de l'usine recouverte d'un gazon synthétique (seul exemple en Ariège) ce qui a évité à Alcan, successeur de Péchiney de creuser cet emplacement pour dépolluer complètement ? Et qui interdit toute construction future sur ce site... avec garantie financière sur 30 ans, le temps d'oublier ? Quant à la première décharge qui a permis de construire une route en hauteur au-dessus du chemin existant ancien qui menait « au football » dans les années 50 et qui mène maintenant au camping, on peut constater qu'elle ruisselle en cas de pluies, sans protection, directement dans le Vicdessos, elle n'est même plus mentionnée, sauf dans la mémoire collective.

Pour ces deux décharges, celle bétonnée de Massada et celle du camping, des contrôles de non-pollution de la nappe phréatique sont à exiger et poursuivre également.

Péchiney, un exemple emblématique sur un siècle de capitalisme sauvage

L'installation de l'usine a permis la richesse de la vallée, l'intégration des ouvriers venus d'ailleurs, de leurs enfants qui ont tous trouvé des emplois jusqu'en 2000... et bénéficié pour la plupart de

---

[101] Massada, lieu dit au bord de la rivière le Vicdessos, sur la route AUZAT-MARC avant le tournant qui sert de départ au chemin d'accès pour le lac de Bassiés. Décharge de 3500 m2 selon les autorités, 1,8 ha selon « Robin des bois ».
[102] Arrêté préfectoral du 14 octobre 2011 prescrivant les modalités de réhabilitation et surveillance de la nappe souterraine sur le site de la société Aluminium Péchiney à Auzat sur le lieu dit Massada qui fixe la surveillance post exploitation et réhabilitation et le montant des garanties financières sur une durée de 30 ans.

l'ascenseur social, cela est à mettre à l'acquis du paternalisme de Péchiney.

Le terrible envers de la médaille, c'est l'usure prématurée de la santé de tous ces travailleurs, leur durée de vie raccourcie, le nombre d'ouvriers décédés prématurément de cancers, de séquelles d'accidents du travail ou maladies professionnelles, la modification de la nature environnante et du cadre de vie de cette belle vallée.

Les luttes des travailleurs et de leurs soutiens n'ont pas suffi pour maintenir une usine non polluante tant pour les ouvriers que pour l'environnement, puisque l'usine a fermé ses portes définitivement en 2003.

La recherche de la rentabilité à tout prix, immédiate a été la plus forte.

Pour comprendre, il est utile de connaître et stopper le système de fonctionnement capitaliste des multinationales déjà enclenché dans les années 1980 avec la fermeture des aciéries de Lorraine.

Première étape, la direction augmente le rendement de l'outil de travail, en achetant des machines plus performantes, en mécanisant, ce qui permet de diminuer le nombre de salariés et d'augmenter les profits des patrons et actionnaires. Pour Péchiney, ce sera la période de déconstruction, reconstruction de l'usine dans les années 1976-1980.

Deuxième étape, la direction, au mépris des ouvriers, délocalise, achète moins cher dans les pays du sud au mépris de leurs habitants spoliés, et réduit ainsi le coût de production, sous paye des salariés dans les usines de pays pauvres, embauche des intérimaires, cela augmente encore les profits. En 1954, Péchiney avait ouvert sa première usine à l'étranger, au Cameroun, et en 1962 acheté une partie de la fabrique de turbomoteurs Howe aux USA, puis s'était spécialisé en 1964 dans l'emballage avec la création de CEBAL et rapproché de Tréfimetaux en 1967 pour la transformation des métaux non ferreux.

À terme, elle vend au plus offrant pour faire encore plus de profits en plaçant l'argent ainsi récupéré (y compris par la liquidation d'une usine performante), dans des Offshore et comptes virtuels, tout cela allant dans le sens de la recherche du profit maximum, pour la direction, au mépris de la santé des salariés, de l'environnement, comme l'histoire de Péchiney Auzat l'a montré, sur un siècle d'implantation dans la haute vallée du Vicdessos.

La mémoire, l'histoire et les combats des ouvriers de l'alu doivent laisser une trace pour les générations futures, pour l'information des travailleurs afin que les risques qu'ils prennent en faisant la richesse d'un patron et d'un pays soient des risques mesurés, connus, prévenus, jugulés pour les ouvriers qui doivent recevoir équitablement le fruit de leur travail.

De même, on ne doit pas oublier les morts durant la construction du barrage d'Izourt, fin des années 30, qui font partie de l'aventure de Péchiney, sociétés hydro-électriques, et consorts, avec recherche de profit capitaliste, quel qu'en soit le prix, avec celui de la vie des ouvriers et de leur famille.

La « Société hydroélectrique des Pyrénées », pour augmenter les capacités des usines hydroélectriques d'Auzat et de Tarascon-sur-Ariège en vue de la guerre imminente, et des besoins des usines Péchiney, avait débuté la construction d'un barrage sur l'étang d'Izourt, sur une zone de pacage à 1650 m d'altitude.

Les services préfectoraux avaient à cette époque, donné des « autorisations temporaires de travail » et autorisé l'embauche massive d'ouvriers étrangers, italiens essentiellement, pour faire ce travail difficile et précaire. Le 29 mars 1939, trente et un ouvriers italiens sont morts sur ce chantier, ensevelis sous une tempête de neige qui écrasa les campements de fortune dans lesquels ils étaient installés. Trente et un morts de trop sur ce parcours de la rentabilité « à tout prix » dans le but, déjà en 1939, de faire travailler au maximum les ouvriers sans tenir compte des mesures de sécurité et de prévention, ni surtout des conditions météorologiques catastrophiques pourtant annoncées.

La mémoire des dégâts faits sur l'environnement, sur la santé des habitants, la transformation du paysage, avec la disparition de l'élevage et des cultures, doit être transmise aux générations futures, pour qu'elles résistent, s'organisent et refusent de telles et terribles conditions de travail lorsqu'une usine s'installe, afin d'éviter de détruire ainsi les citoyens et leur pays. Et pour qu'elles prennent leur part, fassent entendre leur voix dans les décisions et la répartition des richesses générées par le travail des ouvriers. Les revendications des gilets jaunes depuis le 17/11/2018, ont fait naître l'espoir que l'écart entre les riches décideurs, méprisants et les pauvres contraints de travailler pour des miettes se réduise enfin.

Ce que nous avons vécu depuis l'hiver 2020, au niveau mondial, devrait nous inciter à nous réveiller et nous unir plus nombreux pour imposer une société plus juste, plus égalitaire, avec information et participation de l'ensemble des citoyens aux décisions.

Début 2023, les manifestations si nombreuses, les prémices d'une « grève générale » contre la loi « retraite » voulue par le gouvernement, auguraient d'un espoir de vrai changement des conditions de travail, de la reconnaissance des travaux pénibles, d'une juste rémunération, avec égalité femmes – hommes, et d'une retraite idéale, à la carte, en fonction de la pénibilité.

Espoir déçu, ne baissons pas les bras.

La toxicité de l'amiante en miroir

L'exemple de la trop longue bataille pour la reconnaissance de la toxicité de l'amiante est à mettre en miroir.

Henri Pezerat a dénoncé dans les années 1970 le scandale de la toxicité des fibres d'amiante. Elles équipaient les immeubles comme la tour de Jussieu dans laquelle il était chercheur, patins de disques de freins (fabriqués à Ferodo en Normandie), tables à repasser, calorifugeages, flocages et isolants des bâtiments et toits... L'amiante a été reconnue cancérogène en France, en 1977, mais son interdiction dans les isolants divers et variés de notre environnement n'est intervenue qu'en 1997[103], la France se situant alors comme huitième pays à interdire l'amiante.

Les ouvriers, fonctionnaires exposés et victimes de l'inhalation de microfibres d'amiante, demandaient la reconnaissance de cancers comme maladie professionnelle, depuis les années 70, en vain... Et nombre d'ouvriers, dont ceux de Péchiney, ne connaissaient pas la toxicité des plaques d'amiante qu'ils scient à mains nues, voire qu'ils emmenaient chez eux pour isoler la gazinière familiale.

En 1996 s'est créée l'Andeva, association nationale des victimes de l'amiante, propulsée par trois associations, ALERT (Association pour l'étude des risques du travail), la FNAT (Fédération Nationale des Accidentés du Travail), et le Comité anti-amiante Jussieu. Le travail réussi de cette association a facilité l'accès à la reconnaissance des maladies professionnelles dues à l'amiante, et non reconnues (malgré un tableau des maladies professionnelles numéro 30 existant depuis 1945, revu en 1985), l'information plus large de tous les citoyens et l'indemnisation des préjudices, y compris devant les tribunaux.

Enfin, le 18 décembre 1998, pour la première fois, la responsabilité de la Sécurité sociale sera reconnue dans une affaire concernant les victimes de l'amiante. Le tribunal a reconnu alors, la « faute inexcusable » de la société Everite et de la caisse primaire d'assurance maladie (CPAM) de Gironde.

En 2000, le fameux tableau numéro 30 sera complété d'un additif, pour la reconnaissance des maladies dues à l'amiante.

Et il faut attendre 2002, pour que soit établie la norme AFNOR NF X 46-020 qui précise le diagnostic amiante, par le repérage des matériaux et produits contenant de l'amiante dans les immeubles bâtis et que soit décrite la procédure de diagnostic à utiliser pour déceler la présence d'amiante dans les bâtiments construits avant l'interdiction totale de l'amiante en 1997.

---

[103] 1er janvier 1997 : L'usage de l'amiante est interdit, par le décret n° 96-1133 du 24 décembre 1996.

Les premiers contrôles radiologiques des ouvriers, n'ont pas été spontanés, mais sont devenus obligatoires après 1997, ce qui explique que dans les usines Péchiney, comme ailleurs en France, l'information des travailleurs et des usagers de locaux amiantés, les déclarations de maladies professionnelles, asbestose, cancers de la plèvre et du poumon, aient été si tardives, et le nombre de cancers dus à l'amiante et de morts prématurées des ouvriers si nombreuses.

Cette bataille n'est pas terminée, la vigilance reste de mise, le contrôle des « désamiantages » de notre environnement, le bilan des conséquences de ce saupoudrage de fibres d'amiante effectué pendant des décennies, dans les immeubles, les appareils de la vie courante (chauffages, gazinières, fours), y compris sur les revêtements bitumineux des routes (pour rendre plus souple le macadam).

Les ouvriers du bâtiment, qui œuvrent au désamiantage, ne sont pas toujours informés, notamment lors de travaux non déclarés. Les voisins proches des zones de désamiantage ne sont ni informés ni protégés, et doivent rester attentifs et vigilants lorsqu'une entreprise du bâtiment installe dans leur quartier des ouvriers munis de masques et combinaisons intégrales pour intervenir sur un bâtiment proche de leur habitation. Ce qui est dangereux pour la santé, ce sont les fibres friables, les miettes qui s'échappent lors des manipulations de découpage des plaques ou tuyaux en amiante, ou en fibrociment.[104]

Les locataires, acheteurs de maisons ou d'appartement doivent vérifier les sources, la fiabilité des tests obligatoires de « mise en conformité », avant de signer pour occuper un logement.

---

[104] http://www.developpement-durable.gouv.fr/ : ; les risques d'exposition surviennent lors de la libération de fibres d'amiante en cas d'usure ou lors d'interventions mettant en cause l'intégrité de ces matériaux et produits (perçage, ponçage, découpe…).
1) les matériaux comme les flocages, les calorifugeages et certains types de faux plafonds, pouvant libérer des fibres d'amiante du seul fait de leur vieillissement.
2) les matériaux tels que les plaques d'amiante-ciment, les dalles de sol en vinyle amiante ou les conduits de vide-ordures, dans lesquels l'amiante est lié à une matrice solide, pour lesquels le risque de dispersion des fibres intervient notamment à l'occasion de travaux : liste A et B de matériaux définis dans l'annexe 13.9 du décret du 3 juin 2011.

Les normes drastiques de désamiantage entraînent des coûts tels que les particuliers, les bailleurs, voire certains entrepreneurs du bâtiment utilisent des techniques non conformes. On voit fleurir des décharges sauvages avec dépôts de toitures en éverite, des enfouissements discrets sous le dallage de maisons, de terrasses, sous les tapisseries fraîchement remises à neuf, voire dans les jardins ou les champs, sans notion du danger (cela reste à vérifier), par méconnaissance des risques pour la nappe phréatique et manque de finances pour faire appel à des sociétés « spécialisées », mais hors de prix.

Là aussi, une bataille urgente est à mener, pour imposer de supprimer à moindre coût et en sécurité les toits en éverite, les toitures, les plaques d'amiante qui recouvrent encore nombre de maisons, de murs intérieurs, ou sont apposées sur les façades exposées aux intempéries.

Les sommes mises par l'état en France depuis 2019, dans les isolations proposées à un euro dans nombre de départements pourraient peut-être basculer plus efficacement sur la mise en œuvre de suppression correcte des multiples toitures et revêtements dangereux qui sont encore si présents dans notre environnement.

Informer sans relâche et partager les connaissances

Les années 1980 à 2000 m'ont occupée à Paris avec l'émergence du Sida, les addictions.

Le SIDA a surpris les malades atteints, les jeunes en majorité, mais aussi les soignants, qui avons dû apprendre « sur le terrain » avec des patients parfois bien mieux informés que nous, ce qui a changé nos pratiques à 360 degrés.

Depuis cette période, le mot « cancer » n'est plus resté un mot tabou et les soignants ont osé le prononcer, l'annoncer sans maquillage aux patients, même si en 2022, ce mot est maintenant parfois « asséné » sans protection oratoire pourtant si nécessaire, et sans évaluation des souhaits du patient de connaître « cette nouvelle ».

Avant les années 80, les médecins peu ou mal formés sur les relations « patient-soignant » ne disaient que très rarement la vérité diagnostique à leurs interlocuteurs « vous avez une petite boule, une petite grosseur », et le mot « cancer » était rarement prononcé.

Avec l'arrivée de cette nouvelle maladie qui touchait des jeunes personnes de moins de 30 ans, les données étaient inversées : le patient atteint de SIDA venait au cabinet pour dire « docteur j'ai les T CD4[105] dans les chaussettes, aidez-moi à ne pas crever tout de suite ».

Les relations avec les parents, amis que l'on découvrait, l'entourage des patients touchés par le SIDA devenaient très complexes, car tous et toutes découvraient en même temps la séropositivité de leur enfant, son homosexualité, voire sa dépendance aux drogues et l'annonce de sa fin de vie prochaine. Le partage du secret médical avec ces familles effondrées devenait risqué et prenait un temps d'écoute empathique, de reformulation pour emmener à l'acceptation douloureuse, mais assumée. De cette période d'échanges délicats, je garde des souvenirs poignants, mais aussi des contacts qui perdurent 40 ans plus tard.

J'ai fait à cette époque connaissance avec un jeune chef de clinique à l'hôpital Laennec [106]Daniel Vittecoq. Nous allions discuter autour d'un café des patients que je lui avais adressés, et notamment le cas préoccupant d'une jeune patiente âgée de 19 ans qui présentait des complications neurologiques de la maladie, alors qu'elle n'avait aucun facteur de risque, hormis le rasoir mécanique qu'elle empruntait à son père.

Je garderai ce correspondant dans mon carnet d'adresses amical et professionnel et lui confierai au fil des années suivantes, lorsqu'il sera devenu Professeur, mais restant toujours attentif et humain, mes patients atteints de diverses maladies infectieuses, sida, mais aussi hépatites, avec ou sans papiers. Notre plus grand plaisir sera au bout

---

[105] Le virus entraîne la disparition des lymphocytes T CD4 nécessaires au bon fonctionnement du système immunitaire.
[106] Hôpital Laennec 40, rue de Sèvres, à Paris dit « des Incurables », devenu hôpital Laennec en 1878, fut dédié aux soins des plus démunis dès 1634, fermé en 2000 et qui accueille depuis le siège de Kering et de la Maison Balenciaga.

de 10 ans de galères, de voir un patient, réfugié du Mali, venir nous montrer sa carte d'identité française, lui qui, sans papiers avait enchaîné des petits boulots, puis obtenu un CDI, tout en acceptant des soins compliqués et gardant une force de caractère et une joie de vivre communicative.

Ce monsieur qui va bien, qui est inséré, travaille, continue de me donner de ses nouvelles des années après mon départ du cabinet médical où je le recevais. Une grande satisfaction et un grand plaisir pour moi comme pour lui.

Pendant cette période très difficile, trouver un lit pour abriter une ou un patient et en abréger les souffrances, relevait de l'exploit, tant le nombre de patients gravement touchés par la maladie était croissant. Nous, les soignants, avons gagné en humilité, en sagesse, en savoir, remise en cause et efforts de réactualisation de nos connaissances.

Donnant bénévolement, avec mes collègues généralistes des cours de médecine générale aux étudiants qui ne connaissaient les stages et postes d'internat qu'à l'hôpital, les acceptant dans nos cabinets, nous avons obtenu reconnaissance et paiement pour ces cours. En fin de siècle, je gagnais le titre de Maîtresse de Conférence des Universités, puis de Professeure Associée de Médecine générale à la Faculté de Médecine Paris XI. Pour la petite histoire, des collègues masculins ont été bien évidemment nommés dans les diverses facultés françaises avant les collègues femmes.

Après la période difficile « SIDA », grâce à la tri thérapie, on a enfin soigné les patients et libéré les places dans les services de médecine infectieuse des hôpitaux. Émergeait alors la face cachée du SIDA et le souci de la toxicomanie à l'héroïne, pour la prévention et la prise en charge duquel les médecins n'étaient ni formés ni dans une large majorité préoccupés.

Les usagers de drogue, échangeant leurs seringues, se transmettaient hépatites et sida. Grâce à la ministre Michèle Barzac, avec le décret du 13 mai 1987, la vente libre de seringues était autorisée, premier pas en avant qui a permis la réduction des risques pris par les usagers d'héroïne.

Le deuxième pas a été initié par l'inventeur du Stéribox[107] Eliot Imbert, médecin généraliste d'Ivry-sur-Seine.

« Les mesures efficaces pour le sida ne l'ont pas été pour l'hépatite C, estimait le docteur Elliot Imbert, en 2011. Si la prévention du VIH passe par l'usage personnel de la seringue, celle de l'hépatite C nécessite, elle, un usage unique de la seringue et du matériel de préparation. Or, près de la moitié des toxicomanes réutilisent en moyenne trois fois leur seringue. Lors d'une injection en couple, deux aiguilles plongées dans la même petite cuillère peuvent favoriser la transmission et la contamination. »[108]

Moi, la première, peu formée sur les questions d'addictologie, j'ai pris conscience aiguë du problème, lors de la demande de deux familles que je soignais.

Dans chacune de ces familles, un adolescent était devenu accro à l'héroïne, et rackettait les parents sous des prétextes divers, voire vidait la maison en vendant peu à peu la télévision, la chaîne hi-fi...

L'un des adolescents 19 ans est mort d'une overdose dans les toilettes du Mac Do place d'Italie. L'autre allait et venait de psychiatres en gastro-entérologues avec lesquels il ne sympathisait pas.

Je me suis dit : « j'y vais, je ne veux plus vivre cette impuissance et cette culpabilité de n'avoir pas pu éviter ça ».

J'ai pris contact avec des collègues qui prescrivaient de la morphine « hors AMM[109] », c'est-à-dire hors usage de prescription autorisée, et rencontré dans ce groupe des psychiatres bienveillants et non castrateurs, des généralistes de même, bien formés aux addictions et à la santé mentale.

---

[107] Trousse destinée à limiter les risques de transmission de VIH et Hépatites B et C chez les usagers de drogues par voie injectable. Il comprend un filtre, une cupule de préparation, des dispositifs à usage unique, seringues, aiguilles, préservatifs et une information sur l'hépatite C.
[108] Libération – Matthieu Écoiffier – 29 novembre 2001.
[109] AMM Autorisation de Mise sur le Marché délivrée par la HAS Haute Autorité en Santé.

Et peu à peu, prescrivant du Temgesic® [110] hors AMM, précurseur du Subutex®[111] qui sera autorisé à partir de 1993, sous conditions, j'ai pu écouter, aider des usagers difficiles certes, attachants par leur sensibilité à fleur de peau, leur fragilité et aussi leur grande détresse. Ils attendaient aide, humanité, écoute active, bienveillance des soignants, premier pas incontournable pour accepter un suivi, puis une réduction des risques et des consommations.

Par la suite, avec mon collègue Bertrand d'Humières, généraliste maître de stage, nous avons enseigné notre façon d'aider les patients toxicomanes, aux étudiants de la faculté de médecine de Paris XI, tout en les formant sur « l'annonce d'une mauvaise nouvelle, sur la relation usager-soignant et la prévention ».

Pour ce faire, nous utilisions les jeux de rôles, calqués sur l'enseignement pratiqué au Canada.

Les moyens des facultés canadiennes permettent d'embaucher des acteurs pour jouer le rôle de patients face aux étudiants jouant eux-mêmes le rôle de soignants.

À Paris XI, 15 enseignants jouaient le rôle des patients, face aux apprentis médecins qui annonçaient un diagnostic difficile, répondaient à une demande de médicaments dangereux, une demande d'interruption de grossesse, de contraception, d'apparition de troubles de mémoire...

Nous avons également travaillé avec des pharmaciens, des enseignants comme nous-mêmes à mi-temps dans la Faculté de Pharmacie de Châtenay-Malabry, ce qui permettait de tester la validité et compréhension des ordonnances délivrées par les apprentis médecins.

Cette technique, très appréciée des enseignants (ravis de faire du théâtre) et des étudiants était très efficace pour évaluer les connaissances, les capacités d'empathie, de rigueur des étudiants.

---

[110] Temgesic = buprénorphine, médicament, agoniste partiel, morphinique, produit comme analgésique dans les années 1980.
[111] Subutex®= Buprénorphine à Haut Dosage BHD, utilisé en traitement substitutif de la pharmacodépendance aux opioïdes, sous conditions strictes, dans le cadre d'une thérapeutique globale de prise en charge.

Préparer un jeu de rôle obligeait aussi les médecins et pharmaciens enseignants à réactualiser leurs connaissances.

Un exercice au combien utile lorsqu'on sait que 5 ans après la fin des études de médecine, 50 % des connaissances sont déjà obsolètes.

Les cours avaient lieu en soirée et les enseignants se réunissaient ensuite dans un restaurant auto géré, convivial, ouvert tard, « le temps de Cerises », rue de la Butte aux Cailles dans le treizième arrondissement, à Paris, pour débriefer et parfois prendre leur premier vrai repas après une journée bien remplie dans leur cabinet puis à la Faculté. Précisons tout de même que chaque enseignant payait son repas, les mannes des laboratoires étaient exclues. Tant de la préparation des cours, que de leurs suites, et nous étions pratiquement tous abonnés à la revue Prescrire[112].

Fin des années 2000, je travaillais comme généraliste libéral à mi-temps, enseignante à la Faculté à mi-temps et jusqu'à la retraite en 2012, experte à la Commission d'AMM de l'ANSM[113].

Le besoin se faisait sentir de créer un réseau de santé sur les addictions et la santé mentale dans l'ouest du Val-de-Marne, secteur défavorisé du 94, riche en structures hospitalières publiques (deux CHU, hôpitaux pluridisciplinaires, un centre anti-cancer, un hôpital psychiatrique), mais pauvre en généralistes et psychothérapeutes et psychiatres exerçant en libéral, en secteur conventionné sans dépassements, à l'inverse de la partie est du 94, plus riche en belles demeures, où existaient déjà des réseaux d'accès aux soins pour ces problématiques et 5 fois plus de psychiatres libéraux (la plupart, en secteur 2, avec dépassements d'honoraires).

---

[112] Revue créée en 1981 « La raison d'être de Prescrire est d'apporter aux professionnels de santé, et grâce à eux, aux patients, les informations claires, synthétiques et fiables dont ils ont besoin, en particulier sur les médicaments et les stratégies diagnostiques et thérapeutiques.
L'absence de lien financier direct ou indirect avec une firme pharmaceutique et plus généralement de produits de santé est une condition sine qua non d'appartenance à l'équipe Prescrire. Un tel lien est un motif d'exclusion de l'équipe de Rédaction. »
[113] AMM : Autorisation de mise sur le marché – ANSM : Agence Nationale de la Santé et du Médicament.

J'ai eu la chance de participer à la création du réseau RAVMO DEPSUD et d'œuvrer à un rassemblement d'usagers, d'ex-usagers et de soignants. Nous avons réussi à faire se rencontrer et travailler ensemble des associations anti-alcool d'obédience diverses qui ne se parlaient pas plus que ça et des soignants qui eux non plus n'avaient pas fait l'expérience d'écouter les usagers de soins. Ainsi se sont formés des médecins auxquels les usagers ont appris à « poser la question des addictions ».

Pour les professionnels, motivés, mais tout de même imbus de leurs prérogatives, c'était un peu décoiffant. Me revient le souvenir d'une première réunion d'information sur l'alcoolo dépendance, un médecin « expert hospitalier » devait prendre la parole et me dit avant le début de la soirée « Mireille, il y a des patients et des ex-buveurs dans la salle, est-ce normal ? » m'entendit répondre « oui, c'est normal. Ils font partie de l'organisation et du groupe de réflexion sur l'alcoolo dépendance ». Le déroulement de la soirée a montré le succès de faire se côtoyer usagers et soignants, les premiers donnant des clefs aux soignants pour mieux appréhender la problématique de l'abus d'alcool, drogue légale. Les usagers de ce produit expliquaient calmement « pendant des années, je donnais à voir ma situation de dépendance à l'alcool, jamais mon médecin ne m'a posé la question : que consommez-vous comme produits ? Nous pouvons en parler et je peux vous aider ! »

Ces groupes de paroles autour de l'alcool, puis du tabac, ont permis à des usagers dépendants aux produits, d'être informés, aidés, puis de réduire, voire abandonner leurs consommations de toxiques, drogues dures légales ou pas.

Là encore, je continue à échanger avec des patients dépendants aux produits, accompagnés pendant mon activité à Villejuif et qui me donnent de leurs nouvelles, les ponctuant après quelques échanges de « au fait, vous savez, j'ai arrêté de fumer, ou de boire, depuis 5 ans ; 8 ans et je tiens bon ! Grand merci pour votre aide ».

En France sont classées les drogues selon leur interdiction, ce qui est paradoxal, car le tabac vendu en toute légalité est une drogue

« dure » puisque 80 % des consommateurs sont dépendants du produit dont la consommation devrait être mieux encadrée, ce qui éviterait les consommations trop précoces dès l'âge de 10 ans[114]. De même pour l'alcool, en vente libre, responsable de 15 à 20 % de dépendance chez les consommateurs, taux semblable chez les consommateurs de cannabis, qui eux sont durement pénalisés depuis l'été 2020.

Depuis les années 2000, j'ai eu le privilège de dialoguer avec des soignants-chercheurs humanistes, compétents qui m'ont aidée à renforcer mes connaissances dans le domaine des addictions, mais aussi de la santé mentale.

Robert Molimard, [115] pionnier de l'aide aux « défumeurs », avait créé en 1983, la société d'étude de la dépendance tabagique et des tabacs, puis en 1986 avait mis en place le premier, le diplôme officiel en Faculté de médecine « d'Étude de la dépendance tabagique et des phénomènes comportementaux apparentés », Diplôme qui deviendra en 1986, « le diplôme interuniversitaire de Tabacologie ».

Le succès de ce diplôme créé par Robert intéressera l'industrie pharmaceutique et lui fera quitter la direction de cet enseignement lorsque la mainmise des laboratoires sera patente, en 2004. Il continuera ses publications, sa participation à Formindep[116], en assurant des conférences et formations dans le réseau RAVMO, et dans les FMC (Formation Médicale Continue) des médecins du Val-de-Marne.

J'ai beaucoup appris de ce médecin humaniste, généreux, si compétent, si attentif aux autres, et en même temps garant farouche

---

[114] Jamaislapremiererecigarette.org
Jamais la première cigarette, c'est une action de prévention complète pour les jeunes sur les risques du tabac.

[115] Robert Molimard décédé le 9 janvier 2020, à l'âge de 92 ans a lutté jusqu'au bout contre les industriels profiteurs des méfaits du tabac, pour aider à la déduction des risques chez les fumeurs.
Il est l'auteur de *L'Homme, avatar de Dieu, en Espéranto La Homo, konscia ero de DioNaturo*, Ed. L'Harmattan *et de La Fume* et du, *Petit Manuel de Défume*, Ed. De Borée.
Version espéranto (Ed. SIDES), téléchargeable gratuitement sur http://www.tabac-humain.com

[116] https://formindep.fr/nous-connaitre/nos-valeurs/

d'une éthique d'indépendance, par rapport aux lobbies de l'industrie pharmaceutique et du tabac.

Robert qui a formé nombre impressionnant de soignants, médecins, pharmaciens, psychologues, infirmiers a fait entrer des usagers en Faculté, comme enseignants dès les années 2002. Les membres de groupes de paroles du réseau RAVMO sont ainsi venus tous les ans assurer le cours et répondre aux questions d'un amphi de 150 étudiants – soignants. J'étais frappée de la facilité qu'avaient ces ex-fumeurs, fumeurs ou défumeurs, qui composaient l'équipe de 5/6 « enseignants – usagers de soins », de s'installer tranquillement derrière le grand bureau en bas de l'amphithéâtre, et de se mettre à causer, sans état d'âme, comme s'ils ou elles étaient dans leur salon, devant l'amphi plein à craquer, témoigner de leur vécu avec le tabac, parfois associé au cannabis, à l'alcool, et ensuite répondre aux questions des auditeurs.

J'ai rencontré en fin de séance en 2008, une collègue médecin du travail que je ne connaissais qu'au téléphone, les larmes aux yeux, qui me demandait si le monsieur qui avait parlé en dernier était bien Monsieur X, un patient commun à nous deux.

Ce Monsieur avait raconté son parcours chaotique « alcool-tabac » et sa difficulté à pousser la porte du réseau pour venir aux groupes de paroles mensuels : « mon médecin me proposait ces réunions, me rappelait la date de la prochaine séance, je venais devant la porte et repartais sans entrer. Je suis venu 5 fois et la sixième était la bonne, ma peur du jugement avait disparu, et j'ai réussi à arrêter le tabac d'abord, puis l'alcool quelques mois plus tard. Ma femme, ma généraliste, mon médecin du travail qui ont toutes été patientes et ne m'ont jamais jugé, m'ont encouragé. »

Cet ouvrier imprimeur était soigné à mon cabinet et je négociais avec son médecin du travail depuis deux ans des arrêts maladie, des postes adaptés sans exposition aux risques du massicot, des mi-temps thérapeutiques, pour conforter les cures de sevrage. Il avait réussi à tout arrêter et gagner en aspect physique 10 ans de moins. De tels moments de bonheur sont inégalables et jusqu'à mon départ du réseau addictions santé mentale, pour cause de retraite et départ du 94, je n'aurai raté pour rien au monde cette séance « rencontre avec les usagers ».

Ces prestations nous donneront l'idée d'organiser également des rencontres avec les étudiants en fin d'étude de médecine, et de diffuser les écrits toujours d'actualité de Robert « La Fume » et « Petit manuel de défume ».

Puis de participer à la formation complémentaire des soignants.

Ainsi j'ai effectué pendant quelques années, en parallèle un mini tour de France pour des séminaires de formation de médecins, de pharmaciens, de dentistes, toujours en duo avec Djamila, Isabelle, Bertrand, Michel, pour leur apprendre à « poser la question », dans leur pratique quotidienne, systématiquement, des consommations de produits addictifs. Lors d'une formation à Toulouse, le tour de table de présentation initial nous a surpris : un médecin généraliste était persuadé que la culture de plants de cannabis était légalisée en 2013, puisqu'il en voyait dans nombre de jardins, essentiellement chez des grand-mères dotées d'adolescents aimant jardiner.

Le conseil minimal donné par un soignant (médecin, pharmacien, dentiste, kinésithérapeute…) est rentable à court terme :

Le simple fait de poser la question sur le tabac est « rentable » dans 1 cas sur 20.

Si le soignant s'adresse à tous les patients, 1 sur 20 diminuera spontanément sa consommation de tabac (dans le cas de patients non dépendants).

Pour l'ALCOOL, la rentabilité est de 1/10.

Elle est à titre de comparaison de 1/250 pour l'aspirine.

La consommation d'alcool, drogue légalisée, dont la publicité est largement autorisée, est pourtant parallèle dans sa problématique avec le cannabis (strictement interdit, avec une consommation réprimée et même renforcée dans sa répression depuis août 2020) : mêmes effets de dépendance (20 % des consommateurs des deux produits sont dépendants), même effet au niveau des lésions cérébrales à long terme (même affinité pour les graisses du cerveau), mêmes difficultés de prise en charge pour la réduction des risques.

Un immense chantier est à poursuivre sur le terrain de la prévention, la réduction des risques pris et surtout l'accès aux soins égalitaires et à l'information sur les produits, les risques pour le consommateur et son entourage.

En 2012, j'ai cessé l'exercice de la médecine libérale à Villejuif, un an plus tard les cours en Faculté, et le travail bénévole en réseau addictions santé mentale du 94 dont j'avais assuré la présidence pendant 14 ans.

Venue en Ariège poursuivre un projet de retour au pays natal que j'avais prévu depuis 1972 et mon départ de Toulouse, j'ai poursuivi quelques années l'exercice de la médecine en remplacement ponctuel en milieu hospitalier, et toujours la mise à jour de ma formation médicale, la lecture mensuelle de Prescrire, le partage mes connaissances dans le cadre de formations actions bénévoles auprès des usagers de santé consommateurs ou non de produits, addicts ou non en Ariège.

Les échanges réguliers avec Robert Molimard, que j'avais poursuivis, la lecture de ses écrits, fruit de ses recherches poursuivies sa vie durant, me manquent encore, mais je garderai et diffuserai son modèle exemplaire de ténacité, rigueur scientifique, doublé d'une joie de vivre pleinement, librement et sans complexes.

À Pamiers, le réseau RAVMO SUD, créé avec un médecin généraliste retraité, Alain Drappier, réunit les fumeurs, ex ou non-fumeurs dans des réunions mensuelles « autour de la fumée », qui abordent les différents produits toxiques, médicaments, aide à la réduction des risques[117], problématiques santé d'actualité. Nous proposons en parallèle, depuis 2014, bénévolement, des groupes de paroles auprès des jeunes des collèges, de l'ADAPEI[118], des

---

[117] Réseau RAVMO SUD – BP 20170 Pamiers cedex mimibecchio@gmail.com – Voir annexes.
[118] ADAPEI 09, Association Départementale Amis Parents Enfants et adultes Inadaptés.

compagnons d'EMMAÜS, des hébergés au 115, des usagers de l'hôpital de jour de Psychiatrie de Pamiers, des collèges et lycées.

Depuis le premier confinement « covid », nos réunions se sont espacées momentanément, nous l'espérions. Et devant l'ampleur des dégâts causés par les addictions en Ariège, le manque d'information, la proximité de l'Andorre, facile d'accès avec le « train jaune » – surnom trouvé pour le train qui y mène les consommateurs excessifs et trafiquants de pastis et pas que –, nous avons repris à la rentrée 2023 notre bâton de pèlerins pour réunir consommateurs, ex-dépendants, et dépendants se posant des questions.

Je reçois toujours des témoignages de « fumeurs » comme celui de Sylvie, à l'occasion de vœux 2022 : « Je pense très souvent à vous, j'ai enfin arrêté de fumer. Les réunions de Villejuif ont bien agi et m'ont permis de passer le cap », qui me confortent dans la poursuite de mes projets de retraitée active.

Saboter, faire du bruit avec les sabots

Informations et luttes doivent se poursuivre, sur le modèle des actions menées un peu partout en France, initiées parfois par les lanceurs d'alerte et relayées par les citoyens tant à Notre Dame des Landes, qu'au Testet devenu un site tristement célèbre après la mort de Rémi Fraisse, et l'évacuation de la ZAD en mars 2015, plus près en Ariège la lutte victorieuse (2014) pour empêcher la réouverture de la carrière de Bédeillac, la lutte en cours pour réduire ou mieux stopper les dégâts causés par les entreprises de granulats sur la basse Ariège[119], causant la pollution de nappes phréatiques et des rivières et fleuves en aval des carrières qui. L'Ariège ne doit pas devenir la poubelle de l'Occitanie avec l'enfouissement prévu de manière exponentielle de déchets polluants pour combler les carrières d'extraction de graviers.

Autre exemple, plus loin sur la frontière franco-italienne avec la lutte contre le TAV[120].

Sur le versant italien de ce projet, le magnifique auteur italien Erri de Luca a dû répondre début 2015 devant la justice italienne de propos tenus au sujet de ce TAV, et s'est vu accuser « d'incitation au sabotage » !

« Saboter est un verbe noble, utilisé par Gandhi et Mandela. Et moi, je continuerai à dire qu'il faut saboter le projet, car je suis convaincu qu'il faut empêcher ce chantier. Pour réaliser cette ligne Lyon-Turin,

---

[119]Association pour la protection de la nappe phréatique de la basse vallée de l'Ariège. https://www.protection-nappe-ariege.org
[120] Projet de construction, en cours, de la ligne à grande vitesse Lyon-Turin sans tenir compte de l'environnement humain et naturel et de la volonté du peuple.

il faudrait percer des montagnes bourrées d'amiante et de pechblende. Lutter contre, c'est une défense légitime contre l'agression physique, politique, chimique... C'est la vie de toute une vallée qui en dépend. »[121]

Le 26 mai 2019, en Italie ont eu lieu des élections régionales et si la gauche démocrate a été réélue au premier tour dans deux grandes villes Bari, Florence, les listes de la ligue d'extrême droite de Salvini ont progressé dans les campagnes et notamment dans le Piémont[122], avec comme objectif affiché de reprendre le projet de ligne Lyon Turin resté en sommeil depuis 2015 grâce aux oppositions locales menées.

Le 26 janvier 2020, les élections régionales en Émilie-Romagne montrent une résistance de la gauche italienne avec sa victoire dopée suite aux manifestations de « sardines » contre la droite réactionnaire.

Nous avons dû déchanter, en l'année 2022 avec l'arrivée au pouvoir, en Italie, de la droite fascisante. Mais la lutte doit continuer.

En Ariège, en haut Couserans, une autre bataille se déroule depuis 2015, pour la survie de la montagne et de ses habitants.

Le projet de recherche sur la réouverture de la mine Anglade de Salau-Couflens, qui a fermé ses galeries en 1987, est à l'arrêt, stoppé par la résistance des associations de lutte, pour éviter un scandale sanitaire, socioéconomique et environnemental, dû à la présence connue (archives BRGM[123], CPAM[124]) de produits toxiques et cancérogènes, amiante et arsenic.

La santé des salariés de cette mine dont le minerai ne contient que 1 % de tungstène, mais aussi de l'amiante, de l'arsenic, et bien sûr de

---

[121] Extrait de « la parole contraire » – Erri De Luca – Gallimard 2015.
[122] Le Monde, *Élections locales en Italie : la Ligue conquiert le Piémont et veut faire repartir le tunnel Lyon-Turin*, par Jérôme Gautheret, publié le 28 mai 2019.
[123] F. Maubert, constat d'impact de la mine de Salau, BRGM, 1982.
Cottard F., Bouroullec I., Dutartre Ph., Fleury L. (2002° – Audits) environnementaux de six mines fermées ou abandonnées de la région Midi-Pyrénées. Rapport BRGM/RP – 51 538.
[124] Prélèvements d'atmosphère, société minière d'Anglade, Salau (Ariège), Rapport technique n° 1122 du 4 novembre 1983, Laboratoire de chimie de la Caisse Régionale d'Assurance Maladie d'Aquitaine.

la silice avec risque de silicose, maladies pulmonaires invalidantes et de cancers devait être préservée.

Les déchets qui seraient générés par cette exploitation sont déjà inacceptables, vu le faible rendement de 1 % de produit extrait rentable.

Le projet présenté au début par Variscan, société à capitaux australiens, niait le problème des fibres d'amiante qui sont partie intégrante du minerai brut, ne parle pas de l'arsenic, et dans les débats publics impute les maladies connues des anciens mineurs à leur passage dans une autre mine avant de travailler à Salau, voire... au tabac qu'ils fumaient possiblement. Ce qui est scandaleux, et occulte les avancées obtenues depuis les années 1990 sur les lois de protection des travailleurs et des populations exposées aux microfibres d'amiante (amphiboles).

Ces amphiboles constituent la catégorie d'amiante reconnue comme la plus dangereuse, strictement réglementée puis interdite dans la plupart des pays industrialisés à partir des années 1970-1980, et chez nous en France en 1997 !

Des fibres difficiles à repérer vu leur taille, 500 plus fines qu'un cheveu, mais responsables de dégâts à long terme, ce qui explique le délai de 40 ans de prise en charge des pathologies cancéreuses lors des travaux exposant à l'inhalation de poussières d'amiante (Tableaux 30 et 30 bis [125] des maladies professionnelles dues à l'amiante.)

Lorsque la mine a fermé définitivement en 1987 (trois ans avant l'application des lois sur l'amiante,) 7 mineurs étaient décédés, 12 cas de maladies professionnelles en rapport avec les fibres d'amiante, ou la silice avaient été difficilement reconnus alors que la mine n'avait que 15 années d'existence. Depuis, les mineurs sont repartis dans leur région d'origine, voire au Maroc, ce qui rend difficile le compte exact des nuisances sur la santé des travailleurs. Et cela mériterait une enquête épidémiologique pour faire la vérité sur l'impact sanitaire de

---

[125] Les 114 tableaux de maladies professionnelles reconnues dans le régime général et les 54 tableaux dans le régime agricole sont consultables sur le site : www.inrs.fr/publications/bdd/mp.html

la mine de Salau, et rendre justice aux travailleurs qui ont fait la richesse de la société minière de l'époque, au mépris de leur santé.

La santé des habitants au voisinage de la mine, qui respiraient les émanations de microfibres d'amiante, d'arsenic lors du concassage du minerai et auprès des décharges de stériles, doit être préservée. Le projet Variscan proposait de renvoyer sous terre les déblais, ce qui est absolument utopique. Rappelons que nous aurions 99 % de stériles, une fois le minerai trié et les 1 % de tungstène récupéré. Le trop plein de déblais restants de la mine lors de sa période d'activité (on utilisait déjà ce procédé de remblai des galeries), est toujours présent, et la souffrance de la nature alentour est encore éloquente 20 ans après : les arbres en bordure de rivière au-dessus du village de Salau au-delà du panneau qui indique « danger, risques d'éboulements et chutes d'arbres », sont couverts de champignons, tordus, cassés, et offrent un spectacle désolant.

La faune très riche tant en sous-sols dans les grottes que dans les rivières et la flore de même, seraient en danger dès le démarrage des travaux de recherche qui sont prévus sur un pan de montagne protégée, unique.

Les 42 km2 de creusement et déblais prévus par la société Variscan et ses successeurs se trouvent dans le périmètre des 56 km2 de la zone protégée Natura 2000 de la commune de Couflens Salau.

Cela aurait mis en grand danger les espèces rares et protégées de mammifères comme le desman des Pyrénées, la loutre d'Europe, en sous-sol (nombre d'espèces de chauves-souris), et dans les rivières (espèces piscicoles migratrices : aloses, salmonidés, lamproie marine et non migratrice, truites).

Tout ceci sans compter les dommages à toutes les activités agricoles, touristiques et patrimoniales qui se sont installées depuis la fermeture de la mine.

La rentabilité même de la demande initiale de Variscan Mines prévoyait un budget de 25 millions d'euros, ce qui a profité uniquement à la société requérante, si l'on garde en mémoire l'analyse du BRGM[126] après la fermeture de la mine : « Les réserves restant en place ne permettent pas d'espérer un redémarrage de l'exploitation même en cas de remontée des cours du tungstène ».

La saga de ce dossier n'est pas terminée, depuis 2014, ainsi que la lutte active des opposants au projet de réouverture[127].

En juin 2020[128], une victoire contre l'ouverture du chantier est venue couronner les efforts des défenseurs de l'environnement.

La somme prévue par cette société pour étudier la faisabilité de ré ouverture de la mine, aurait été mieux utilisée pour redynamiser les emplois existants dans des usines du Couserans en difficulté, comme l'usine de la Moulasse, relancer une agriculture en biodynamie, favoriser l'extension du tourisme vert et une meilleure utilisation de l'argent public, respectueuse, et les citoyens et l'environnement.

Quant à répondre à la demande croissante de tungstène pour notre technologie de plus en plus vorace et dispendieuse, ne pourrait-on envisager à grande échelle, et systématiquement, de réutiliser, recycler les différents instruments et composants contenant du tungstène en récupérant celui-ci pour ouvrir des usines soucieuses de l'argent public, de la santé des travailleurs et respectant l'environnement, que ce soit en France ou dans les pays producteurs de tungstène.

Se poser la question de la nécessité ou non du tungstène dans notre industrie est essentiel. Changer de téléphone portable, d'ordinateur, sans cesse, est-il judicieux ?

---

[126] Bureau de Recherches géologiques et minières.
[127] Association Stop Mine Salau : « Association loi 1901, qui lutte contre le Permis exclusif de Recherches minières de Couflens et contre le projet de réouverture de la mine AMIANTIFÈRE de Salau (Ariège) ».
[128] Pour donner suite aux requêtes déposées par l'État et par Variscan Mines SAS pour demander l'annulation de la décision du tribunal administratif de Toulouse du 28 juin 2019, la Cour Administrative d'appel de Bordeaux a rendu ses conclusions, le 16 juin 2020.
Celle-ci rejette les requêtes, indique qu'il n'y a pas lieu de statuer sur des demandes de « sursis à exécution » et accorde, à la Commune de Couflens, au titre des dispositions de l'article L.761-1 du code de la justice administrative, la somme de 2000 € qui sera versée par l'État.

L'utilisation de tungstène dans la fabrication des mines antipersonnel de type DIME[129] est une catastrophe pour les civils visés via les drones qui permettent, grâce à l'alliage de tungstène notamment, de mutiler ou tuer des innocents.

Le tungstène est partie prenante dans la fabrication des avions Air Bus, des A 330 MRTT, ravitailleurs militaires fabriqués en Occitanie, c'est l'argument utilisé pour « ouvrir les mines de tungstène ».

En 2023, est-il acceptable, éthiquement correct, d'extraire, tant en Europe, qu'en Afrique, du tungstène, au prix de détruire dans les zones minières la santé des ouvriers et de la nature environnante, pour ensuite faire du profit en vendant des armes qui seront destructrices de vies humaines ?

Félicitons les « désobéisseurs civils » comme Erri de Luca, les faucheurs volontaires de cultures d'OGM, les luttes contre les compteurs Linky, le glyphosate, les dégâts climatiques, les médecins, Irène Frachon en tête, qui ont dénoncé le scandale du médiator, les médecins et inspecteurs du travail, défenseurs des droits des travailleurs, assignés en justice par les employeurs, les lanceurs d'alerte sur les effets secondaires du médicament, et les dangers du nucléaire, les hospitaliers, salariés des petites et grandes surfaces, pompiers, éboueurs, et j'en oublie, qui au péril de la vie de nombre d'entre eux ont assuré en premiers de cordée soins et ravitaillement depuis le début du confinement, épuisés alors qu'on leur a demandé de poursuivre les efforts bien au-delà de 18 mois.

Tous et toutes sont à soutenir et encourager, pour protéger nos concitoyens, mais aussi les générations futures.

---

[129] Le *Dense Inert Metal Explosive* (DIME) est, une munition expérimentale à base d'une enveloppe en fibres de carbone contenant un explosif mélangé à un alliage de poudre de tungstène avec également du cobalt, du nickel ou du fer. Les bombes de ce type créent des dommages très importants sur la matière vivante et les tissus mous (derme, muscles et os, constitués essentiellement d'eau) dans un rayon inférieur à 10 mètres, et peu ou pas au-delà. Les blessures provoquées sont quasiment incurables et conduisent généralement à l'amputation. Ce type de bombe a été utilisé par l'armée israélienne dans les années 2008/2009.

Nous sommes sur terre, de passage, chacun et chacune n'emmènerons rien avec nous lors du grand départ. Néanmoins, sommes responsables de la terre que nous foulons, de l'eau que nous buvons, de l'air que nous respirons, et qui nous sont simplement prêtés, à la naissance, où que nous vivions dans n'importe quel coin du monde.

Et tout cela sans oublier la mémoire des anciens, mineurs, paysans, ouvriers qui ont toujours travaillé dur dans cette partie du haut Vicdessos, comme ailleurs dans le monde, mais qui nous ont transmis leurs idéaux de sauvegarde des libertés, d'accueil sans discrimination, de justice et de résistance farouche, coordonnée et plurielle.

Les exemples sont là, de la guerre des Demoiselles[130], des manifestations des mineurs de Rancié depuis la révolution pour conserver leurs acquis de liberté, d'organisation du travail, celles des ouvriers de l'aluminium « Péchiney –Auzat » pour conserver un outil de travail dont ils étaient fiers, mais qu'ils voulaient moins dangereux.

Avec la loi travail, votée malgré les oppositions, en 2017, entraînant la réduction des marges de manoeuvre, du nombre tant de médecins que d'inspecteurs du travail, nous sommes sur le chemin de la marche en arrière, vers ces années 60 où obligation était faite de « prouver » la toxicité des méthodes de travail.

Cette marche arrière n'est pas inéluctable, les si rares et précieux journaux indépendants, de publicité ou de soutien gouvernementaux, tels que l'Humanité, Politis, Le Canard enchaîné, Médiapart, Le Média… doivent vivre, comme témoins et relais des informations dont nous disposons, nous citoyens, usagers, ouvriers, paysans, soignants, juristes, chercheurs, comme lanceurs d'alerte, afin de prévenir et éviter d'autres catastrophes sur la santé et l'environnement.

---

[130] Rébellion des paysans ariégeois déguisés en « demoiselles » de 1815 à 1848 pour conserver leurs droits immémoriaux d'usage de l'espace forestier, face aux maîtres de forges qui ont instauré un nouveau code forestier les empêchant de survivre. Le 23 février 1831, le droit de pacage est restauré. Le 27 mai 1831, toutes les dispositions du code forestier de 1827 qui avaient enflammé la région sont supprimées sous la pression des « demoiselles », une amnistie générale est promulguée.

Il faut saluer comme forme de contestation plurielle, novatrice, inventive depuis le 18 novembre 2018, les actions des gilets jaunes sur nombre de ronds-points et places publiques de France, qui nous ont envoyé un message d'espoir pour une société plus égalitaire, plus tolérante et fraternelle.

Ces actions et réunions des gilets jaunes ont perduré durant l'hiver 2020, associées aux mouvements de grève et manifestations nombreuses contre la loi « retraites », contre la casse des hôpitaux, mais aussi pour une société plus juste.

Ce mouvement passe par la défense du service public de santé, par le soutien et l'accompagnement des professionnels de santé, déjà en lutte depuis 2018 pour une revalorisation de leurs salaires, l'embauche de personnels tant dans les EPADH que dans les hôpitaux, la réouverture des lits drastiquement fermés depuis des années, et l'obtention de moyens techniques suffisants.

Avec l'épidémie, nous avons mesuré, depuis début 2020 l'ampleur des carences de l'État, sa communication hésitante, le maintien de la fermeture draconienne des lits avec sa conséquence apparue en mars 2020 : manque de lits de réanimation, de matériel, de personnel, mais aussi de moyens de prévention et protection tant pour le personnel exposé que pour le public, manque criant de réserves de masques, de gel hydroalcoolique, organisation brouillonne, maladroite et insuffisante des tests, puis des vaccins….

L'épisode COVID 19 nous a montré que les hospitaliers, tous grades confondus, ont su s'adapter, accueillir magnifiquement dans des conditions difficiles les patients atteints du virus et sauver le plus grand nombre.

Depuis l'hiver 2021, les équipes qui ont sauvé des vies, perdu des collègues, sont exsangues et ne veulent ni retour en arrière, ni revivre les moments si difficiles du printemps 2020.

Gageons que les milliers de « confinés » qui les ont applaudis tous les soirs aux fenêtres, sauront accompagner dans leurs revendications, tous ceux et celles, nombreuses, qui nous ont aidé à passer le premier cap du confinement : soignants, aidants à domicile, agents de nettoiement, pompiers, chauffeurs, ambulanciers, policiers, maraîchers, personnels de grande et petite distribution.... Et qu'ils descendront massivement « tous ensemble, tous et toutes », dans les rues si nécessaire !

Des lueurs d'espoir apparaissent, çà et là, comme en Ariège où l'exposition EXILS[131], du 11 au 20 novembre, au Carla Bayle.

1200 personnes se sont déplacées (500, le 12 novembre), pour visiter le village du Carla qui a une âme, une beauté si particulière et sont entrés dans les Coucarils pour admirer la centaine d'œuvres des artistes solidaires, au profit des familles sans toit soutenus par Cent pour un Toit Ariège.

Le concert de Lana Gunia et Joël Dumont a été plébiscité par tous les spectateurs.

La conférence d'Anthony Jean (sauveteur, reporter-photographe sur SOS Méditerranée) de même, suivie intensément par plus de 80 personnes « je suis content d'être resté jusqu'à 20 heures, j'ai été secoué par ce qui a été discuté, mais dans le bon sens, je vais avancer, ce sauveteur m'a ouvert les yeux » m'a dit en sortant un participant.

Ne lâchons rien, restons vigilants, pour observer, informer, relayer les informations dont nous disposons, citoyens, usagers, ouvriers, soignants, juristes, chercheurs, comme lanceurs d'alerte, pour prévenir et éviter d'autres catastrophes.

---

[131] Exposition « Exils » Carla-Bayle, cf. affiche en annexes
50 artistes s'engagent pour les migrants, cette exposition autour de l'exil, a été réalisée grâce à un partenariat entre l'association Cent pour un toit Ariège et la municipalité du Carla Bayle. L'espace culturel Les Coucarils accueillera pendant dix jours plus de quarante artistes qui reverseront à Cent pour un toit Ariège tout ou partie des ventes. Cette association regroupe des associations et des particuliers qui s'engagent pour offrir un toit à des familles sans droits et à les accompagner dans l'insertion. Ce mouvement de solidarité repose uniquement sur les dons des adhérents et le bénévolat. L'association n'a aucuns frais de fonctionnement, tout l'argent recueilli est utilisé pour les familles (logement, fluides, scolarité et frais extrascolaires…).
Contact : centpouruntoitariege@gmail.com. 06 60 85 31 73

N'acceptons pas de suivre sans réfléchir les lois, souvent obsolètes, parfois bien trop longues pour modifier les règles de notre société, et sachons les braver si nécessaire.

Menons les batailles de l'information – action, pour défendre de justes droits, en montrant l'exemple, y compris par la désobéissance civile, les luttes non violentes en rassemblant le plus grand nombre de structures de rébellion et de contestation encore trop éparses et individualistes à ce jour, pour revendiquer et impulser une société plus égalitaire et plus juste.

Remerciements

Grand merci à tous celles et ceux qui m'ont apporté aide et soutien dans ce travail de mémoire.

Les descendants de mineurs, forgeurs, agriculteurs, éleveurs, de Sem, Olbier, Goulier, et villages du Vicdessos, à partir de Tarascon ;
Les ouvriers de Péchiney de l'Association des Anciens Salariés de Péchiney-Auzat, qui maintiennent vivante la mémoire des ouvriers, ceux de Tarascon et Mercus et leurs enfants, les ouvriers de la CGT 09, pour leurs témoignages.

À la mémoire des anciens disparus, ouvriers et paysans qui au prix de leur santé, ont fait prendre conscience des problèmes, et/ou aidé à les résoudre : Albertine Agussan, Satin Denjean, José Civéra, Manuel de Araujo, José de Araujo, Maurice Faixa, Guy Maurice, Mariano Hijar, Jacques Houy, Hubert Ginabat, Yvonne Houdard, Robert Molimard…

Aux soignants et enfants de soignants, cadres de Péchiney, militants, amis bienveillants (Robert Arnal, Alain Aybram, Patrick Berlureau, Monique Blanco, Louis Dupui, Christian Elichegaray, Gabrielle Ginabat, Jacques et Nicole Gloriès, Gilles Hijar, Antoine Daluz, Juliette de Araujo Denjean, Satin Denjean, Emile Lalla, Aimé Maury, Robert Molimard, Monique Molinari Maurisse, Georges Rousseau, Michel Suard…), qui ont témoigné, conseillé ou prêté des archives.

À Brigitte et Marinette Sebbah, mes filles, pour leurs encouragements.

À mon père Antoine Becchio (1913-1971) à la mémoire duquel je dédie cet écrit.

Annexes

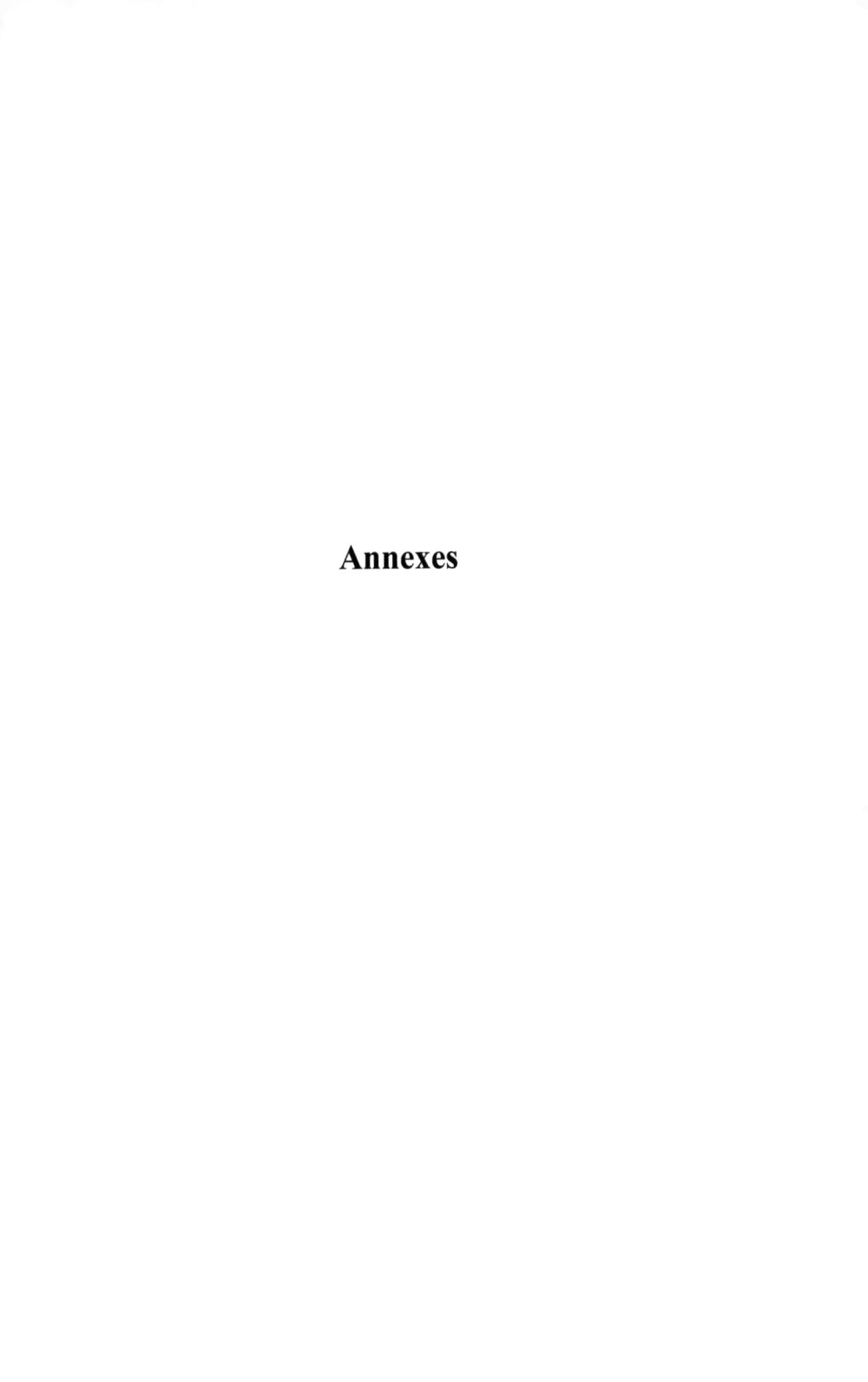

Exemple de tableaux de maladies professionnelles

Tableaux No 10 – N° 20 – maladies pouvant être causées par les pesticides.

Tableau 1 Tableaux des maladies professionnelles pouvant être causées par les pesticides

Agent	Tableau du régime agricole	Tableau du régime général
Arsenic et ses composés minéraux	10	20
Phosphates, pyrophosphates et thiophosphates d'alcoyle, d'aryle ou d'alcoylaryle et autres organophosphorés anticholinestérasiques, ainsi que par les phosphoramides anticholinestérasiques et les carbamates anticholinestérasiques.	11	34
Hydrocarbures liquides aliphatiques ou cycliques saturés ou insaturés et leurs mélanges, hydrocarbures halogénés liquides, dérivés nitrés des hydrocarbures aliphatiques, alcools, glycols, éthers de glycols, cétones, aldéhydes, éthers aliphatiques et cycliques (dont le tétrahydrofurane), esters, diméthylformamide et diméthylacétamide, acétonitrile et propionitrile, pyridine, diméthhylsulfoxyde	48	84
Famille des pesticides (1)	58	-
Famille des pesticides (1)	59	-

(1) Le terme « pesticides » se rapporte aux produits à usages agricoles et aux produits destinés à l'entretien des espaces verts (produits phytosanitaires ou produits phytopharmaceutiques) ainsi qu'aux biocides et aux antiparasitaires vétérinaires, qu'ils soient autorisés ou non au moment de la demande.

Le CIRC a évalué et classé une soixantaine de pesticides :

– L'arsenic qui est classé cancérogène certain (groupe 1),

– L'application d'insecticides non arsenicaux en milieu professionnel, le captafol et le dibromure d'éthylène ont été classés comme cancérogènes probables (groupe 2A). Dix-neuf molécules sont classées comme cancérogènes possibles (2B) par le CIRC : l'aramite, le chlordane, le chlordécone, le DDT (dichloro-diphényl-trichloroéthane) ou encore les phytohormones, l'hexachlorocyclohexane (Lindane), le chlorothalonil, le 1.2 – Dibromo-3-chloropropane, le paradichlorobenzène, le dichlorvos, l'heptachlore, l'hexachlorobenzène, les composés de méthylmercure, le mirex, le naphtalène, le nitrofène, l'oxyde de propylène, l'ortho-Phénylphénate de sodium, toxaphène (polychlorés camphènes).

– D'autres substances sont inclassables quant à leur cancérogénicité en l'état actuel des connaissances (groupe 3 du CIRC) : il s'agit du 2-phényl phénol (microbiocide), l'aminotriazole ou amitrole (herbicide), le captane (fongicide), le deltamethrine (insecticide), l'éthylène (régulateur de croissance), le fluometuron (herbicide), le manèbe (fongicide), le thirame (fongicide) et le zirame (fongicide).

– En mars 2015, le glyphosate (herbicide), le malathion et le diazinon (insecticides) ont été classés cancérogènes probables pour l'homme (groupe 2A) par le CIRC. Et les insecticides tétrachlorvinphos et parathion ont, quant à eux, été classés cancérogènes possibles pour l'homme (groupe 2B). (Guyton et al. 2015).

– En octobre 2016, Le CIRC a évalué et classé une soixantaine de pesticides : l'arsenic est classé cancérogène certain pour l'Homme (groupe 1) ; l'application d'insecticides non arsenicaux en milieu professionnel, le captafol et le dibromure d'éthylène sont classés comme cancérogènes probables (groupe 2A) et dix-neuf molécules classées comme cancérogènes possibles (groupe 2B).

– Le CIRC a évalué et classé une soixantaine de pesticides : l'arsenic est classé cancérogène certain pour l'Homme (groupe 1) ; l'application d'insecticides non arsenicaux en milieu professionnel, le captafol et le dibromure d'éthylène sont classés comme cancérogènes probables (groupe 2A) et dix-neuf molécules classées comme cancérogènes possibles (groupe 2B).

Compagnie de Produits Chimiques et Electrométallurgiques

ALAIS, FROGES et CAMARGUE

JG.MCT

Société Anonyme au Capital de 70.000.000 de Francs

Siège Social à Lyon

TÉLÉPHONE
N°28 A TARASCON S/ARIÈGE

Adresse Télégraphique
PÉCHINEY-TARASCON S. ARIÈGE

Registre du Commerce B 160...

SERVICE DE L'INGÉNIEUR EN CHEF
DU GROUPE DES USINES DES PYRÉNÉES

Tarascon, le 21 AOUT 1928

Sb. AD. 125

Monsieur MOLINARI, Surveillant

À l'Usine de Rioupéroux,

RIOUPEROUX (Isère)

Mon Cher Molinari,

  J'ai bien reçu ta lettre du 28 Aout, et je t'ai précédemment répondu pour te remercier de la liste de 35 ouvriers que tu m'as adressée.

  Celle-ci m'est bien parvenue, et je fais actuellement le nécessaire pour établir les contrats.

  Monsieur JOFFRIN m'a d'autre part écrit hier pour me faire savoir que le petit mouvement de mauvaise humeur que tu avais manifesté est actuellement passé ; et je suis heureux de te retrouver avec le bon esprit que je t'ai toujours connu.

  Bien cordialement à toi,

Auzat au mitan des années 1900

lutte santé sécurité

REVUE DU COMITE DE LIAISON ET D'INFORMATION SUR LA SANTE ET LES CONDITIONS DE TRAVAIL — Numéro 13 — Trimestriel

DOSSIER
C... comme chro...

CONTRACEPTION LS fait le point

DEMAIN LA PILULE POU[R] HOMMES ?

CHÔMAGE ET SANTÉ
le cycle inferna[l] de la crise

LA BRONCHI[TE] CHRONIQUE
mal industriel

LE TOLUENE
en accusation ?

Groupes mensuels de paroles autour d'une drogue dure, légale, le tabac

Pamiers -18H-19H30

ENTRÉE LIBRE ET GRATUITE:
FUMEUSES, FUMEURS, NON, EX OU
DÉFUMEUSES ET DEFUMEURS

AUTOUR DE LA FUMÉE, DE TABAC...

DANS LE RESPECT DE LA PAROLE LIBRE,
RESPECTUEUSE, NON JUGEANTE
INFORMATIONS – ECHANGES
AIDE À LA RÉDUCTION DES RISQUES
PROBLEMES SANTE D'ACTUALITE

Mercredi 13 mars 2019
18 HEURES
Maison des Associations
Rue Saint Vincent –Pamiers

Réseau RAVMO SUD (annexe du réseau MATCIAMS 94)
BP 20170 Pamiers cedex –

Bibliographie

Basaglia Franco, *qu'est-ce que la psychiatrie*, PUF, 1977.

Béghin Antoine, Jean-Christophe Brisard, Iréne Frachon, *Effets secondaires – le scandale français*, First mars 2016.

Bianciotti Elena, *Du côté des petites filles*, 1974 aux Éditions des Femmes.

Chollet Mona, *Les sorcières,* La découverte, 2018.

Cottard F., Bouroullec I., Dutartre Ph., Fleury L., 2002° *Audits environnementaux de six mines fermées ou abandonnées de la région Midi-Pyrénées.* Rapport BRGM/RP-51538.

De Luca Erri, *La parole contraire*, Gallimard, 2015.

Docteur Cabanès, *Esculape chez les artistes*, Librairie Le François – 1928.

Docteur Jolieu, *Mémoire sur cent fractures compliquées, guéries par le Dr Jolieu*, J.-B. Baillière (Paris). 1843.

Fédérici Sylvia, *Caliban et la sorcière*, Entremonde Senonevero, 2014.

Hollande Paul, *Pathologie végétale de l'aide fluorhydrique*, Rapport 1910.

GISTI analyse de la Loi Asile Immigration du 30 juillet 2018 www.gisti.org/projetdeloi2018.

Gramsci Antonio, *Lettres de prison*, Gallimard, 1978.

Groupe Information Santé, *la médecine désordonnée*, Solin, 1974.

Massat Gaston, *Capitaine Superbe*, Bordas, 1946, réédité par les Éditions Libertaires en 2009.

Voici ma voix, recueil de poésies, Le pas de l'Oiseau, juin, 2009.

Maubert F, *Constat d'impact de la mine de Salau*, BRGM 1982.

Ménégoz Daniel, *Protection de l'environnement autour des usines d'électrolyse.*

Minkovski Alexandre, *Pour un nouveau-né sans risque*, Paris, Stock, 1976.

Morel Paul, *Histoire technique de la production d'aluminium*, Presses Universitaires de Grenoble, 1992.

Pitron Guilhaume, *La guerre des métaux rares*, éditions Les liens qui libèrent, octobre 2019.

Ramazzini Bernardino (1633-1714), *Traité des maladies des artisans*, traduit en français par Antoine de Fourcroy en 1777.

REVUE PRESCRIRE https://www.prescrire.org/

Sengès Gilles-François Labrouillère, *le Piège de Wall Street, l'Affaire Pechiney–Triangle*, Albin Michel, 1989.

Syndicat CFDT de l'Énergie Atomique, *Le dossier électronucléaire*, coll Points – Jacob, 1980.

Tableaux des maladies professionnelles : http://www.inrs-mp.fr/
Tarrane Claude, la mine de Bulard, édition d'Eylie, 2011.

Thébaud – Mony Annie, *La science asservie*, La Découverte, 2014.

Tomkievicz Stanislas, *l'Adolescence volée*, Hachette, 2002.

Zonabend Françoise, *La presqu'île au nucléaire – THREE MILE ISLAND, TCHERNOBYL, FUKUSHIMA… ET APRÈS ?* Ed Odile Jacob, 2014.

Imprimé en Allemagne
Achevé d'imprimer en novembre 2023
Dépôt légal : novembre 2023

Pour

Le Lys Bleu Éditions
40, rue du Louvre
75001 Paris

Milton Keynes UK
Ingram Content Group UK Ltd.
UKHW021021290724
446271UK00015B/777